ÊTRE PARFAIT

Mais comment ?

Découvrez les composantes de base que nous donne
la puissance de Dieu

DEREK PRINCE

ISBN 978-2-36005-006-2

Originally published in English as 'Be perfect. But how?'.

Traduit avec permission de Derek Prince Ministries International USA, P.O. Box 19501, Charlotte, North Carolina 28219-9501, USA.

Traduit par Florence Boyer.

Sauf autre indication, les citations bibliques de cette publication sont tirées de la traduction Louis Segond "Nouvelle Edition".

Publié par Derek Prince Ministries France, 2013.

Dépôt légal: 2e trimestre 2013.

Couverture faite par Damien Baslé, www.damienbasle.com

Relecture faite par Marie-Françoise Cassinari, www.lesbellespages.fr

Note de l'Editeur: Ce livre résulte d'une compilation d'archives d'enseignements non publiés de Derek Prince et est édité par l'équipe de Derek Prince Ministries.

Imprimé en France.

Pour tout renseignement:

DEREK PRINCE MINISTRIES FRANCE

9, Route d'Oupia, B.P.31, 34210 Olonzac FRANCE

tél. (33) 04 68 91 38 72 fax (33) 04 68 91 38 63

E-mail info@derekprince.fr * www.derekprince.fr

TABLE DES MATIÈRES

Introduction

L'un des commandements le plus simple que Jésus nous a laissés peut se résumer en deux mots : « Soyez parfaits ». Ce commandement est simple quant au nombre de mots, mais n'est certainement pas si simple à mettre en pratique – deux simples mots directifs : « Soyez parfaits ».

En plus, Jésus n'a pas dit "essayez d'être parfaits", il a dit "soyez parfaits." Il ne nous a jamais dit "d'essayer" d'obéir à chacun de ses commandements. Il n'a jamais dit "essayez" d'aimer vos ennemis ; il a dit : "aimez" vos ennemis. Pourquoi ? Parce qu'il savait que si nous comptions sur nos propres capacités pour être parfaits, nous ne pourrions connaître que la frustration et l'échec. Cela nous est impossible.

Là où la grâce commence

Vous voyez, les exigences du Nouveau Testament sont toutes basées sur la grâce de Dieu – grâce qui nous a été communiquée à travers Jésus-Christ. J'ai souvent dit et je vais le dire encore une fois : la grâce de Dieu commence là où finit la capacité humaine. Quand nous pouvons faire quelque chose par notre propre force, notre propre sagesse, ou notre propre justice, nous n'avons pas besoin de la grâce de Dieu. Mais quand nous arrivons au bout de ce que nous pouvons faire de mieux, nous arrivons au commencement de la grâce.

Dieu dit : "Ma grâce te suffit" (2 Corinthiens 12:9). Le croyez-vous ? Croyez-vous réellement que sa grâce soit suffisante ? Croyez-vous qu'elle vous rendra capable de faire tout ce qu'il vous a demandé de faire ?

Dans ce livret, nous allons découvrir que ce n'est que par la grâce que nous pouvons obéir à ce simple commandement de Jésus. Ce n'est que par grâce que nous pouvons "être parfaits".

Chapitre premier

Que signifie 'être parfait' ?

Pour commencer notre étude, regardons les véritables paroles de Jésus. Dans le Sermon sur la Montagne, il dit :

"Soyez donc parfaits, comme votre Père céleste est parfait."
Matthieu 5:48

Beaucoup ont essayé d'expliquer le mot parfait différemment de ce qu'il signifie vraiment. Mais les exigences qui nous sont données dans ce passage ne laissent aucun doute sur ce que Jésus voulait dire : nous devons être aussi parfaits que notre Père céleste l'est.

Si nous considérons ce commandement dans le contexte des versets précédents, nous y trouvons deux vérités. Tout d'abord, la perfection dans ce contexte signifie faire ce qui est bien, non pas simplement avec certaines personnes, mais avec tout le monde. Ensuite, cela est résumé en un mot : l'amour. La perfection et l'amour ne peuvent être séparés.

Lisons ce que Jésus déclare avant dans Matthieu 5, en commençant au verset 43 :

"Vous avez appris qu'il a été dit : tu aimeras ton prochain et tu haïras ton ennemi. Mais moi, je vous dis : aimez vos ennemis, bénissez ceux qui vous maudissent, faites du bien à ceux qui vous haïssent, et priez pour ceux qui vous maltraitent et qui vous persécutent, afin que vous soyez fils de votre Père qui est dans les cieux ; car il fait lever son soleil sur les méchants et sur les bons, et il fait pleuvoir sur les justes et sur les injustes." Versets 43-44

Permettez-moi de vous demander si vous prenez cela au sérieux. Vous voyez Dieu est parfait dans ses plans avec chacun. Avec les méchants et avec les bons. Il est parfait dans chacune de ses attitudes et de ses relations.

"Si vous aimez ceux qui vous aiment, quelle récompense méritez-vous ? Les publicains aussi n'agissent-ils pas de même ? Et si vous saluez seulement vos frères, que faites-vous d'extraordinaire ? Les païens aussi n'agissent-ils pas de même ? Soyez donc parfaits comme votre Père céleste est parfait." Versets 46-48

Pour saisir la signification de la perfection, j'ai trouvé bon de prendre l'exemple d'un cercle. Les cercles sont de toutes tailles, de toutes dimensions, de tous diamètres. Mais même un petit, c'est quand même un cercle parfait. Dans cette image, je vois Dieu comme le grand cercle parfait qui embrasse l'univers. Nous n'avons pas la même grandeur ni la même puissance pour embrasser l'univers, mais chacun d'entre nous a une place particulière qui peut être un petit cercle parfait. Je pense que vous n'avez pas besoin d'être grand pour être parfait.

La maturité et la plénitude

Le mot parfait comprend deux aspects qui sont liés. L'un est la maturité et l'autre la plénitude. Vous devez combiner ces deux qualités pour être parfait.

Imaginez que vous vouliez une petite pomme verte sur une branche. Elle est petite, ronde, verte et dure. D'une certaine façon elle est parfaite parce qu'il n'y a pas de défaut en elle. Mais d'un autre côté, elle n'est pas parfaite parce qu'elle n'est pas encore arrivée à maturité.

Ou considérez un garçon de douze ans qui est physiquement normal. Comme cette pomme, il est parfait, mais il n'a pas encore atteint sa maturité. D'un autre côté, un homme de quarante ans pourra être mûr, mais s'il a perdu un doigt, il n'est pas complet. Pour être parfait, vous devez être à la fois mûr et complet. Bien entendu cela suppose un processus.

Regardons maintenant quelques passages qui nous enseignent sur ces aspects de la maturité et de la plénitude. On peut commencer par Romains 5:5 où Paul fait une déclaration qu'il est difficile de comprendre pleinement :

> *"L'amour de Dieu est répandu dans nos coeurs par le Saint-Esprit qui nous a été donné."*

Nous avons souvent entendu ce verset, mais je me demande si nous avons vraiment saisi son sens. Paul ne dit pas "une partie de l'amour de Dieu", mais "l'amour de Dieu", l'amour complet de Dieu est répandu dans nos coeurs. Il explique bien que cet amour n'est pas *en train d'être* déversé, mais qu'il *a été* déversé par le Saint-Esprit. Je crois que toute personne baptisée dans l'Esprit reçoit cette effusion de l'amour de Dieu, et j'ai parfois vu des gens se comporter de façon étrange après cela.

Il y a quelques années, je me souviens d'un ancien de l'Église presbytérienne que nous fréquentions avec ma femme Lydia. C'était ce qu'on aurait pu considérer comme le type même du presbytérien, un gentleman raffiné, très digne et flegmatique. Mais il avait soif du baptême dans le Saint-Esprit. Lydia et moi avons commencé à prier pour lui et quand Lydia a mis sa main sur lui, il a reçu le baptême. Durant un petit moment, il s'est tranquillement réjoui de la présence de Dieu. Mais ensuite, il s'est mis debout et a embrassé ma femme ! Je crois qu'il n'oubliera jamais ces instants ! L'amour de Dieu s'était soudain déversé en lui et il a fait la première chose qui lui est venue à l'esprit : prendre Lydia dans ses bras.

Je crois que c'est vrai pour toute personne baptisée dans le Saint-Esprit. Nous avons potentiellement l'amour de Dieu répandu dans nos coeurs par le Saint-Esprit. Quand cela se produit, ce débordement peut entraîner des résultats surprenants.

Mais c'est une chose d'avoir l'amour de Dieu déversé dans nos coeurs, c'en est une autre de le mettre en oeuvre. La première expérience est glorieuse. Parfois, quand une personne expérimente l'effusion de l'amour de Dieu, elle n'imagine pas qu'elle puisse avoir encore des problèmes.

Quand quelqu'un demandait à mon ami Bob Mumford : "quel est le signe du baptême dans le Saint-Esprit ? " Il répondait : "des problèmes !" Alors si vous en êtes tout juste au stade de l'action dynamique du Saint-Esprit dans votre vie, laissez-moi vous avertir : le recevoir n'est que la première étape, il y a encore beaucoup de choses à venir.

Ce merveilleux amour qui a été déversé en vous – divin, complet, parfait – doit maintenant être mis en oeuvre. Un passage des Philippiens nous aide beaucoup à cet égard :

> *"Ainsi mes bien-aimés, comme vous avez toujours obéi, travaillez à votre salut avec crainte et tremblement, non seulement comme en ma présence, mais bien plus encore maintenant que je suis absent ; car c'est Dieu qui produit en vous le vouloir et le faire selon son bon plaisir."*
> Philippiens 2:12-13

Remarquez les deux mots "travaillez" et "produire". Ils vont ensemble. Dieu produit et nous devons ensuite mettre en oeuvre ce qu'il a déversé en nous. Si Dieu ne nous l'avait pas donné, nous n'aurions rien à mettre en oeuvre. Mais si nous ne le mettons pas en oeuvre, Dieu ne peut plus travailler en nous.

J'espère que vous arrivez à saisir ce point important. La limite de ce que Dieu peut faire en nous est déterminée par ce que nous mettons en oeuvre. Si nous cessons de mettre en oeuvre ce que le Seigneur a fait en nous, il n'y a aucune raison pour que Dieu continue à travailler en nous. Mais si nous continuons à mettre en oeuvre, alors Dieu continue à travailler en nous. L'initiative vient de Dieu comme toujours. Mais la mise en oeuvre est de notre responsabilité.

Même Jésus a été rendu parfait

Revenons au livre des Romains, au chapitre 8 où nous trouvons ces paroles de Paul :

> *"Si quelqu'un n'a pas l'Esprit de Christ, il ne lui appartient pas."* Romains 8:9

Cela signifie que lorsque nous naissons de nouveau, nous recevons l'Esprit de Christ. La nature même de Christ naît en nous par la nouvelle naissance, mais elle doit ensuite être mise en oeuvre.

Cela nous montre que deux processus sont initiés à travers la nouvelle naissance. Premièrement, je crois que chacun d'entre nous reçoit la nature de Christ. Ensuite, elle doit devenir partie intégrante de notre caractère : c'est le processus de développement.

Il est intéressant de noter que Jésus lui-même a expérimenté cela. Nous avons un passage remarquable à ce propos dans Hébreux 5 qui dit clairement cela :

> *"Il a appris, bien qu'il fut Fils (le Fils de Dieu) l'obéissance par les choses qu'il a souffertes et qui, après avoir été élevé à la perfection, est devenu pour tous ceux qui lui obéissent l'auteur d'un salut éternel."* Hébreux 5:8-9

Il est étonnant que Jésus lui-même ait eu besoin de perfectionnement. Il n'a jamais été imparfait, mais la belle nature de Jésus devait être mise en oeuvre dans son caractère. Elle a été mise en oeuvre par une seule chose, et c'est la même pour chacun d'entre nous. Le mot-clé d'Hébreux 5:8 est 'obéissance'. On pourrait aussi dire 'la souffrance conduit à l'obéissance' ou 'l'obéissance conduit à la souffrance'. En fait, il n'y a pas d'autre voie. Je suis heureux que le mot souffrance apparaisse ici, autrement je vous aurais donné une image trop idyllique.

Jésus a appris l'obéissance et il n'y a qu'une seule façon d'apprendre l'obéissance. La connaissez-vous ? C'est en obéissant. Même Jésus a dû apprendre cela. Il n'a jamais désobéi ; il n'a jamais eu envie de désobéir. Mais vous ne pouvez pas apprendre l'obéissance sans obéir. L'acceptez-vous comme une vérité ? Si vous passez par des difficultés en ce moment, souvenez-vous simplement que vous êtes en train d'apprendre l'obéissance. Il n'y a pas d'autre façon d'apprendre l'obéissance qu'en obéissant.

C'est la même chose avec l'endurance. Il n'y a pas d'autre façon d'apprendre l'endurance qu'en endurant. C'est bien de la connaître en théorie, mais elle doit être mise en oeuvre dans votre vie.

Apprendre à aimer

Il y a plusieurs années de cela en apprenant à aimer, j'ai été confronté au rapport entre l'amour, la perfection et l'obéissance. Il se trouve que je suis enfant unique. Je n'ai ni frère ni soeur. Ainsi j'avais tendance à me diriger seul. L'un de mes amis m'a dit un jour que j'étais la personne la plus imbue d'elle-même qu'il connaissait.

Je n'étais pas habitué à prendre soin des autres. Je m'étais créé mon propre style de vie. Je réussissais du point de vue scolaire et dans les autres domaines, mais je n'avais jamais appris à laisser la place aux autres. Je n'avais pas appris à 'partager mes jouets' parce que je n'avais personne avec qui le faire. J'ai connu le système éducatif anglais traditionnel : compétition, compétition, compétition. Passe tes examens, sois le premier de la classe et va de l'avant. Quand j'ai connu le Seigneur Jésus, j'ai été confronté à ces vérités que je partage aujourd'hui avec vous. Pour la première fois, j'ai réalisé qu'en ce qui concerne l'amour j'étais bien en deçà de certaines personnes en ce qui concerne le fait de partager avec les autres et l'altruisme. Alors j'ai cherché le Seigneur pour lui demander ce que je devais faire. Je crois que le Seigneur m'a donné une réponse très simple que je veux partager avec vous. Elle se trouve dans 1 Jean 2:5 :

"Mais celui qui garde sa Parole, l'amour de Dieu est véritablement parfait en lui ; par là nous savons que nous sommes en lui."

Il y a deux aspects à noter dans ce passage (la Bible dit dans Hébreux 4:12 que la parole de Dieu est une épée à double tranchant et ce passage est à deux tranchants). Tout d'abord le signe que vous aimez Dieu, c'est que vous gardez sa Parole. Jésus dit : "Celui qui a mes commandements et qui les garde, c'est celui qui m'aime" (Jean 14:21). Ne vous y trompez pas : vous n'aimez pas Dieu plus que vous obéissez à sa Parole. À partir du moment où vous désobéissez à Dieu, c'est là que vous cessez de l'aimer. La preuve que vous aimez Dieu, c'est que vous obéissez à sa Parole.

Ensuite, nous avons cet aspect de la parole de Dieu rendue parfaite (ou œuvrée) en nous. Ce n'est pas seulement que vous l'aimez en obéissant à sa Parole, mais c'est aussi le moyen par lequel l'amour de Dieu est rendu parfait en vous. Le mot amour dans ce passage du Nouveau Testament est le mot agape en grec. Ce n'est pas une émotion. Ce n'est pas le simple fait de ressentir de l'amour. L'amour agape agit profondément dans votre vie et s'exprime dans votre façon de vivre. Alors je me suis dit : "Je ne vais peut-être pas toujours ressentir l'amour, mais je peux obéir à la parole de Dieu." Et c'est devenu un principe pour moi à partir de ce jour (je laisse les autres juger du résultat). Ma façon de chercher l'amour de Dieu, c'est d'obéir à sa Parole.

Quand je me suis converti, j'ai pris une décision à propos de la Bible. J'avais été un philosophe de profession et j'avais étudié beaucoup de livres ainsi que différentes langues. Mais là, je me suis dit : "La Bible est le livre qui a la réponse. En fait, c'est le *seul* livre qui ait vraiment une réponse. Pourquoi devrais-je perdre mon temps sur d'autres sujets ? Je vais lire la Bible, la croire et faire ce qu'elle dit."

Tant que j'ai suivi ce principe, tout a été pour le mieux. Les seules fois où j'ai échoué, ce sont les moments où je me suis écarté de la parole de Dieu. Je vous conseille donc ceci : n'essayez pas de ressentir l'amour. Ne soyez pas ni négligent, ni sentimental dans l'expérience de votre amour. Il y en a beaucoup autour de nous. Au lieu de cela, soyez obéissant. Obéissez à la parole de Dieu. Faites ce qu'elle dit.

Ruth et moi étions en Malaisie il y a quelques années de cela et sans l'avoir prévu je me suis retrouvé à parler sur ce sujet. À la fin de mon message, une femme est venue me voir et m'a dit : "Vous avez fait du chemin. Je vous ai connu il y a vingt ans et vous êtes beaucoup mieux maintenant qu'il y a vingt ans !" Cela m'a encouragé et j'espère que cela vous encouragera aussi.

Pourquoi ne pas terminer ce chapitre par une prière d'engagement ? Si vous désirez sincèrement aller plus loin et développer une plus grande relation avec le Seigneur, faites cette prière avec moi :

> *Cher Père, toi qui es au ciel, je reconnais que je ne peux pas être parfait par mes propres forces. Déverse ton amour et ta grâce dans mon coeur de sorte que je puisse marcher avec toi dans l'obéissance. Je veux apprendre l'obéissance comme Jésus l'a fait, et je m'engage à étudier ta Parole et à y obéir, à t'aimer et à apprendre à aimer les autres selon ce que tu m'enseignes dans ta Parole. Merci par avance de m'aider à franchir ce pas. Dans le nom de Jésus. Amen !*

Chapitre 2

Le processus de perfection

L a Bible est un livre très concret. Elle ne nous dit pas simplement qu'il faut être parfait, mais elle nous donne le programme à suivre pour le devenir. Ce processus d'étape en étape se trouve dans 2 Pierre. Le chapitre premier de 2 Pierre commence avec des vérités de base pour nous préparer à ce processus. Il est ensuite suivi par des composantes nécessaires au processus de maturité. Dans ce chapitre nous allons voir les vérités préliminaires qui nous donnent une vision du processus de construction.

Commençons notre étude par le premier verset :

"Simon Pierre, serviteur et apôtre de Jésus-Christ..." 2 Pierre 1:1

J'aimerais faire une pause ici et faire remarquer que le mot "serviteur" dans le grec est "esclave". Avez-vous déjà remarqué que les apôtres du Nouveau Testament se définissaient toujours comme esclaves en premier lieu, puis apôtres ? Si vous rencontrez quelqu'un qui se définit d'abord comme apôtre et ensuite comme serviteur, vous pouvez vous demander si cette personne est vraiment apôtre.

Durant des années, j'ai eu un ami dans le ministère qui avait grandi dans une certaine dénomination du pays de Galles. Il avait été assez déçu par quelques personnes qui se disaient apôtres. Il avait l'impression que dans une certaine mesure elles dominaient les gens qu'elles dirigeaient. Que ce soit ou non le cas, c'était son impression. Il me disait : "J'ai compris quelque chose. Dans la nouvelle Jérusalem, les apôtres sont le fondement. Ce ne sont pas des gens en haut qui vous maintiennent en bas ; ce sont des gens en bas qui vous élèvent et vous soutiennent." Cette perspective peut faire une grande différence pour quelqu'un qui aspire à être apôtre. N'êtes-vous pas d'accord ?

Il y a quelques années, j'enseignais sur les principaux dons de ministères d'Éphésiens, chapitre 4. J'avais prévu d'évoquer brièvement le ministère des apôtres et de continuer avec les autres. D'une certaine manière, je suis resté bloqué sur la question des apôtres. À mesure que j'enseignais, je voyais certains jeunes de l'auditoire qui s'enthousiasmaient de plus en plus. Ils envisageaient tous de devenir apôtres. Alors, je me suis dit que je devais faire quelque chose.

J'ai demandé à l'auditoire : "Quels sont ceux parmi vous qui veulent devenir apôtres ? " Beaucoup levèrent la main. Puis je dis : "Attendez un instant. Je vais vous lire la description du poste." J'ai lu les versets suivants dans 1 Corinthiens, chapitre 4, en commençant au verset 8 où Paul écrit aux chrétiens de Corinthe :

Déjà vous êtes rassasiés, déjà vous êtes riches, sans nous vous avez commencé à régner. Et puissiez-vous régner en effet, afin que nous aussi nous régnions avec vous ! Car Dieu, ce me semble, a fait de nous, apôtres, les derniers des hommes, des condamnés à mort en quelque sorte, puisque nous avons été en spectacle au monde, aux anges et aux hommes. Nous sommes fous à cause de Christ ; mais vous, vous êtes sages en Christ ; nous sommes faibles, mais vous êtes forts. Vous êtes honorés, et nous sommes méprisés ! Jusqu'à cette heure, nous souffrons la faim, la soif, la nudité ; nous sommes maltraités, errants çà et là ; nous nous fatiguons à travailler de nos propres mains ; injuriés, nous bénissons ; persécutés, nous supportons ; calomniés, nous parlons avec bonté ; nous sommes devenus comme les balayures du monde, le rebut de tous jusqu'à maintenant. »

Alors j'ai reposé encore une fois la question : "Combien de personnes parmi vous veulent devenir apôtres ?" Il n'y eut pas autant de mains la seconde fois.

Cette question des apôtres qui en tant que serviteurs se sacrifient pour le peuple de Dieu est un peu une digression, mais je crois que c'est une question qui est sur le cœur de Dieu.

Le processus de perfection

Continuons maintenant avec le premier verset de 2 Pierre qui nous présente la première vérité concernant le processus de perfection :

> *"Simon Pierre, serviteur et apôtre de Jésus-Christ, à ceux qui ont reçu en partage une foi du même prix que la nôtre, par la justice de notre Dieu et du Sauveur Jésus-Christ."*

1) Une vie de multiplication

Cette épître s'adresse à tous ceux qui sont de vrais croyants en Jésus. Nous lisons ensuite au verset 2 :

> *"Que la grâce et la paix vous soient multipliées par la connaissance de Dieu et de Jésus notre Seigneur."*

Remarquez que le premier mot de ce verset est grâce. Cela nous élève immédiatement au-dessus du niveau de notre propre capacité. Comme nous l'avons noté dans le premier chapitre, devenir parfait n'est pas quelque chose que nous pouvons faire sans Dieu. Pierre parle ici de quelque chose qui n'est possible qu'à travers la capacité surnaturelle donnée par Dieu.

Vous souvenez-vous de ce que je vous ai dit plus haut ? La grâce commence là où la capacité humaine prend fin. Tant que vous pouvez faire les choses, pourquoi Dieu donnerait-il sa grâce ? Dieu nous met volontairement face à des tâches que nous ne pouvons pas accomplir par nos propres forces, afin que nous nous ouvrions à sa grâce. En définitive, l'Église a deux possibilités : soit faire ce qui est bien et s'ouvrir à la grâce de Dieu, soit réduire le niveau des exigences de Dieu à quelque chose qu'il est possible d'atteindre par des efforts humains. Cette deuxième possibilité est malhonnête, car c'est dénaturer l'image de Dieu.

Dans le verset ci-dessus, après le mot 'grâce' vient le mot 'paix'. Le mot hébreu pour paix 'shalom' est directement lié au mot 'complet'. Souvenez-vous de ce que nous avons dit plus haut. Nous avons dit que la perfection exigeait la plénitude. En fait, nous n'aurons pas de véritable paix tant que nous ne serons pas complets. Ainsi le verset dit : "Que la grâce et la plénitude vous soient multipliées." La vie chrétienne est une vie de multiplication et de progression. Elle n'est pas statique ; c'est un processus de multiplication.

Regardons maintenant la suite du verset 2 :

> *"... par la connaissance de Dieu et de Jésus notre Sauveur..."*

Tout est dans la connaissance de Dieu et de Jésus. Jésus a dit dans Jean 17: 3 : *"Or la vie éternelle c'est qu'ils te connaissent toi, le seul vrai Dieu et celui que tu as envoyé, Jésus-Christ."* Nous n'avons besoin de rien en dehors de Dieu et de Jésus-Christ. Tout ce dont nous avons besoin est en Dieu et en Jésus. C'est la deuxième vérité dans le processus de la perfection.

2) Tout a déjà été donné

Nous le voyons clairement dans le passage suivant :

> *"Comme sa divine puissance nous a donné tout ce qui contribue*

à la vie et à la piété..."

Remarquez le temps. Ce n'est pas 'nous donnera' mais 'nous a donné'. C'est une affirmation incroyable, mais si vous la négligez, vous passerez à côté de ce que Dieu a en réserve pour vous. Dieu nous a déjà donné tout ce dont nous avons besoin pour ce temps et pour l'éternité. Prenez un moment pour dire ces paroles à haute voix :

"Dieu m'a déjà donné tout ce dont je vais avoir besoin pour ce temps et pour l'éternité."

Si vous continuez à demander à Dieu de vous donner quelque chose qu'il vous a déjà donné, vous agissez sur la base d'un manque de connaissance.

3) À travers la connaissance de Jésus

Regardons cela de plus près en lisant la deuxième partie du verset 3 qui nous amène à la troisième vérité dans le processus de la perfection :

"... au moyen de la connaissance de celui qui nous a appelés par sa propre gloire et par sa vertu..."

Comme nous l'avons vu dans la deuxième partie du verset 2, chaque aspect de notre vie est complet par la connaissance de Jésus. Non pas connaître la théologie, mais connaître Dieu.

Je me souviens quand j'étudiais le français à l'école. Bien que j'aie de très bonnes notes en français, quand je suis allé en France je me suis demandé quelle langue j'avais apprise ! L'une des choses qu'on nous avait apprises, c'est que les Français ont deux mots pour le mot anglais 'to know'. L'un est 'connaître', l'autre 'savoir'. La différence est que nous 'savons' un fait et nous 'connaissons' une personne. Souvenez-vous que le genre de connaissance dont nous parlons dans l'Écriture n'est pas savoir, mais connaître. C'est connaître une personne : Jésus-Christ.

4) La provision est dans ses promesses

Dans les versets précédents, il nous est dit que c'est à travers la connaissance de celui qui nous a appelés que nous avons toutes choses. Vous vous demandez peut-être comment Dieu vous a donné tout ce dont vous aviez besoin. Vous ne pensez pas l'avoir. Le verset suivant nous apporte une réponse très claire :

"... de celui qui nous a appelés par sa propre gloire et par sa

vertu, lesquelles nous assurent de sa part les plus grandes et les plus précieuses promesses afin que par elles vous deveniez participants de la nature divine, en fuyant la corruption qui existe dans le monde par la convoitise." Verset 4

Où est la provision de Dieu pour nous ? La provision est dans ses promesses. C'est la vérité numéro 4 dans le processus de la perfection et j'aimerais que vous le disiez à haute voix : "La provision est dans ses promesses."

Notre provision est dans les promesses de Dieu. En les croyant et en y obéissant, nous voyons que nous avons toutes les provisions correspondant à nos besoins. Croire et obéir aux promesses donne des résultats étonnants.

J'ai regardé très attentivement le texte grec pour ce verset dont je vais parler maintenant, parce que je veux être certain que je ne le dénature pas (en fait, nos traductions françaises le minimisent presque) :

"... afin que par elles (les promesses) vous deveniez participants de la nature divine, en fuyant la corruption qui existe dans le monde par la convoitise."

Quelle est la signification de la "nature divine" ? Cela signifie la nature même de Dieu. En croyant et en obéissant aux promesses, nous pouvons recevoir la véritable nature de Dieu en nous. En conséquence, dans la même proportion que nous recevons la nature de Dieu, nous sommes délivrés de la corruption qui est dans le monde par la convoitise. La nature de Dieu et la corruption sont incompatibles. Là où est l'un, l'autre ne peut pas y être.

Vous souvenez-vous de l'histoire de Jacob et de son frère Esaü ? Quand Jacob s'est enfui loin d'Esaü, il n'avait rien dans sa main qu'un bâton, et rien d'autre qu'une pierre pour poser sa tête. Tandis qu'il dormait à la belle étoile dans le désert, il a vu en rêve le ciel (je me souviens d'avoir entendu un prédicateur qui a dit une fois il y a des années : "Je veux bien dormir sur une pierre si ça me permet de voir le ciel en rêve !") Dans son rêve, Jacob a vu une échelle. Le pied de l'échelle était sur la terre et son sommet dans le ciel. Les anges de Dieu montaient et descendaient sur l'échelle. En un sens, les promesses de Dieu sont comme cette échelle. Chaque échelon est une promesse. Quand vous mettez le pied sur une promesse, vous allez plus haut. Promesse après promesse, vous devenez progressivement partenaire de la nature de Dieu. Si cela n'est pas excitant, je ne sais pas ce qu'il vous faut !

5) Le zèle ou la paresse

Comme nous l'avons fait remarquer plus haut dans ce livre, la Bible nous a donné un processus à suivre pas à pas pour obéir au commandement : "Soyez parfaits".

L'une des composantes clés nécessaire au processus se trouve mentionnée au verset 5 de notre texte principal. Le texte que nous allons citer pour présenter chacune des composantes est 2 Pierre 1:5-8 (que nous citerons entièrement au début du chapitre suivant). Voici le début de ce passage, au verset 5 :

> *"Pour cette même raison, apportez encore tout votre zèle..."*
> (Bible de Jérusalem)

Le mot 'zèle'[1] est un mot important que l'on trouve plusieurs fois dans ce chapitre. Parfois pour définir un mot il est utile de regarder son contraire. Le contraire de diligence est 'paresse', ou 'fainéantise' en français courant.

Vous pouvez chercher dans la Bible du début à la fin, vous ne trouverez jamais un seul point positif sur la paresse. La plupart des chrétiens sont d'accord pour dire que l'ivrognerie est un péché, mais la Bible condamne bien plus sévèrement la paresse que l'ivrognerie. Il se peut que vous ne soyez pas d'accord, mais je vous assure qu'il existe beaucoup d'Églises qui ne toléreraient pas un ivrogne, mais qui sont prêtes à tolérer une armée de paresseux. La diligence est un composant essentiel dans le processus de construction que nous décrivons.

Le fondement de la foi

Armés du zèle, nous en arrivons à un processus d'ajout. En un sens, vous pouvez comparer ce processus à la construction d'un immeuble. Par quoi commencez-vous ? Par les fondations. Quelle est la fondation dans le processus de construction ? La foi.

Il n'y a pas d'autre point de départ dans votre relation avec Dieu. Hébreux 11 : 6 nous dit que sans la foi il est *impossible* de plaire à Dieu. Pas simplement *difficile*, mais *impossible*. Celui qui s'approche de Dieu doit croire qu'il existe et qu'il est le rémunérateur de ceux qui le cherchent *de tout leur cœur* (Parole Vivante).

---

[1] La plupart des traductions françaises donnent 'tous vos efforts', mais pour rendre ce que Derek Prince essaie de communiquer, nous avons choisi cette version 'Bible de Jérusalem' qui le rend 'zèle' (N.T.D.)

Il n'y a pas d'autre point de départ dans ce processus de perfection que la foi. C'est le fondement sur lequel vont reposer toutes les autres composantes. Il n'y a pas d'autre fondement dans la vie chrétienne que la foi en Jésus-Christ et en sa rédemption.

Chapitre 3

La première composante : l'excellence

Dans ce chapitre et dans ceux qui suivent, nous allons regarder de plus près chacune des composantes que nous venons de mentionner. Mais avant cela, je vous donne le passage entier de 2 Pierre (Bible de Jérusalem) :

"Pour cette même raison, apportez encore tout votre zèle à joindre à votre foi la vertu, à la vertu la connaissance, à la connaissance la tempérance, à la tempérance la constance, à la constance la piété, à la piété l'amour fraternel, à l'amour fraternel la charité. " 2 Pierre 1:5-7

Quand Pierre commence à bâtir sur le fondement de notre foi, nous découvrons que la première composante qu'il mentionne se trouve au verset 5 :

"... à joindre à votre foi la vertu..."

Presque toutes les traductions disent 'vertu' – même si parfois on trouve 'force morale' ou 'force de caractère'. Je préfère utiliser le mot 'excellence' et laisser de côté le mot 'morale' parce que je ne crois pas que l'excellence[2] soit un terme purement religieux. Dans le grec le mot 'excellence' (qui est 'arote') est très largement utilisé. Par exemple : 'l'arote' ou 'l'excellence' d'un cheval est de galoper à vive allure. Le mot signifie 'bien faire', quoi que vous fassiez.

Si vous l'appelez excellence *morale*, ceux qui ont tendance à la paresse pourraient y trouver une excuse pour ne participer qu'aux activités religieuses comme aller à l'Église ou réciter des prières. Mais ils ne cultiveront pas l'excellence dans les autres domaines de leur vie, comme leur travail par exemple. L'excellence avec laquelle vous faites votre travail révèle bien plus sur vous que ce qui se passe dans l'Église. À l'Église, les seules personnes qui vous voient sont en général les autres personnes qui viennent aussi à l'Église.

---

[2] La version anglaise donne 'moral excellence' (N.T.D.)

Entraînement militaire

Dieu a imprimé cette vérité sur mon coeur très tôt après ma conversion alors que j'étais dans l'armée britannique. Croyez-moi quand je vous dis que je n'aimais pas l'armée. Je me disais : *"Maintenant que je suis sauvé, Dieu va me sortir de là. Je vais certainement faire quelque chose de plus spirituel."*

Il ne m'a pas fait sortir de là. J'ai passé encore quatre ans et demi à servir. Peu à peu, j'ai compris que la validité de mon témoignage chrétien serait jugée à la façon dont je servais dans l'armée.

J'étais volontaire dans le corps médical de l'armée royale et je suis devenu aide-soignant parce que je ne voulais pas tuer des gens. C'était mon approche avant d'être sauvé. J'étais philosophe, rebelle, et hippie avant l'heure. Même s'il n'y avait pas de hippies à cette époque, on aurait pu me définir par un terme équivalent. Je comprends très bien la mentalité hippie, parce que j'en aurais été un ! J'avais par exemple un blouson bleu électrique en épaisse fausse fourrure ! Porter ce manteau était ma façon de protester contre la société.

J'ai donc fini comme aide-soignant dans le corps médical de l'armée royale avec beaucoup de qualifications, dont aucune ne m'a servi. Dans cette situation, Dieu s'occupait vraiment de moi, parce que tous les hommes de ma famille avaient été officiers dans l'armée britannique. J'avais l'habitude de fréquenter des officiers. Mais en tant que caporal, je ne me mêlais pas aux officiers et j'ai appris quelque chose de très important. Les gens sont très différents quand vous êtes en dessous d'eux que quand vous êtes au même niveau. J'ai été choqué par le comportement de certains officiers. J'ai réalisé que Dieu s'occupait de ces mêmes questions en moi.

Une fois libéré de l'armée britannique, on vous donne une évaluation. Je ne dis pas cela pour me vanter, mais c'est une partie significative de mon témoignage. Quand j'ai été libéré, ma conduite a été évaluée par un mot : *exemplaire*. Durant mon service, je n'ai jamais dissimulé le fait que j'étais chrétien. Je parlais du Seigneur aux officiers et aux autres personnes. Je vivais ma vie pour Dieu et, à la fin, l'armée m'a donné le grade maximum, c'est-à-dire l'excellence.

Ce n'était pas l'excellence d'avoir accompli des choses spirituelles ou intellectuelles, mais pour avoir accompli des tâches humbles et ordinaires comme vider des pots de chambre ou prendre des températures. En fait, quand ils ont découvert qu'après m'être converti je ne fumais plus et je ne buvais plus, ils m'ont mis à la place la plus évidente. J'ai été en charge de la cantine parce que j'étais le seul à qui on pouvait faire confiance pour ne rien voler ! J'ai donc passé beaucoup de temps à la cantine.

Cigarettes, bière et chocolat

J'aimerais partager avec vous une expérience personnelle intéressante pour confirmer le témoignage dont je vous parle ici. J'ai participé à la plus longue retraite de l'histoire de l'armée britannique. Notre division se trouvait en Afrique du Nord. Nous battions en retraite d'El Algheila vers El Alamein. J'étais dans un camion et j'étais théoriquement responsable d'une équipe de huit brancardiers connus dans toute l'unité sous le nom des "Pionniers de Prince." Nous transportions la cantine dans le camion – bière, cigarettes, chocolat, ainsi que toutes sortes d'autres denrées. Le plus souvent nous avions très faim, car nous avions rarement les rations que nous aurions dû avoir.

Il se trouve que nous nous sommes retirés tellement rapidement que nous nous sommes retrouvés dans un de nos champs de mines. Nous n'avions pas eu assez de temps pour que nos spécialistes déminent. C'était un champ de mines pour véhicules, nous pouvions donc aller à pied, mais cela voulait dire qu'il fallait abandonner le camion. Comme il était sous ma responsabilité, j'hésitais à laisser la bière, les cigarettes et le chocolat derrière nous pour que l'ennemi en profite lorsqu'il le trouverait. Je n'arrivais pas à me décider à faire cela. Alors en pleine nuit, au beau milieu du champ de mines, j'ai vidé tout le contenu de la cantine. J'ai dû vendre tout le contenu à crédit parce que personne n'avait d'argent. Après cela, j'ai souvent regretté : après ce fut très difficile de faire payer à tous ces hommes l'argent qu'ils me devaient ! Mais, d'une façon ou d'une autre, j'ai réussi et j'ai gardé le livre de comptes durant des années pour le prouver.

Ce fut considéré comme une conduite exemplaire et j'aimerais vous dire que parfois vous devez vous examiner pour comprendre comment vous réagissez dans des situations non religieuses. Cela a de l'importance.

L'excellence en toutes choses

Beaucoup de mes livres sont vendus en librairies chrétiennes. Malheureusement au fil des ans, nous nous sommes rendu compte que ces librairies chrétiennes étaient celles qui payaient le moins bien les factures. Le saviez-vous ? Un jour nous devions acheter des cartons d'emballage. Le directeur trouva une entreprise, puis il me regarda en s'excusant : "... mais ils ne sont pas chrétiens." Je lui répondis : "Gloire à Dieu !" C'est malheureusement ainsi parce que beaucoup de chrétiens ne comprennent pas l'excellence de Dieu. J'étais principal d'un collège pour enseignants africains. Mon but était de les gagner au Seigneur et je remercie Dieu parce que la plupart du temps les diplômés terminaient sauvés et baptisés dans le Saint-Esprit. Mais une année nous avons aussi obtenu la reconnaissance dans un autre domaine en rapport avec notre sujet. Nous avons établi un record dans l'éducation kenyane : tous nos étudiants ont réussi dans toutes les matières.

Je garde précieusement la lettre que j'ai reçue du représentant de l'éducation nationale me remerciant pour cet exploit unique. Parce que nous étions chrétiens pentecôtistes, personne ne croyait que nous pourrions faire une telle chose. Pour ce qui concerne l'excellence, ils s'attendaient à ce que nous soyons à la queue, mais le fait d'échouer aurait été infamant pour le Seigneur.

Et vous ?

La première composante de notre fondement doit être l'excellence. Prenez le temps d'y réfléchir par rapport à votre propre activité. Que faites-vous pour vivre ? Êtes-vous enseignant ? Alors vous devez être un excellent professeur. Mes étudiants acceptaient le Seigneur et étaient sauvés, et rapidement leur attitude changeait : "Maintenant que nous sommes chrétiens, vous n'allez plus exiger autant de nous." Je leur répondais : "Vous vous trompez. Maintenant que vous êtes sauvés, j'attends encore plus de vous." Si vous pouvez être professeur sans être chrétien, alors en tant que chrétien vous devez être encore un meilleur enseignant parce que vous pouvez prier et chercher l'aide de Dieu ainsi que sa sagesse. Êtes-vous infirmier ? Vous devez être un excellent infirmier. Êtes-vous chauffeur de car ? Vous devez être un excellent chauffeur de car. Êtes-vous vendeur ? Vous devez être un excellent vendeur.

C'est la première étape dans votre progression. Pourtant, je crois que cela a échappé à beaucoup. Relisons ce que Pierre dit au verset 5 :

> *"Pour cette même raison, apportez encore tout votre zèle à joindre à votre foi la vertu (ou l'excellence)..."*

Sans la foi vous ne pourrez jamais atteindre aucune forme d'excellence. La foi ouvre la voie à l'excellence. Il y a une affirmation dans l'épître de Jacques qui me frappe. Jacques fait remarquer aux chrétiens qu'il ne sert à rien de dire qu'on est croyant, mais qu'il faut le démontrer par notre façon de vivre. Jacques dit :

> *"Mais quelqu'un dira : Toi, tu as la foi ; et moi j'ai les oeuvres.*

Montre-moi ta foi sans les oeuvres et moi je te montrerai ma foi par les oeuvres." Jacques 2:18

En d'autres termes, Jacques dit : "Je vais montrer ce que je crois par ce que je fais." Est-ce un défi pour vous ? Ne pourrions-nous pas dire cela ? Je vais te montrer ce que je crois par la façon dont je vis. Regarde ma vie et tu verras ce que la foi peut faire."

C'est un défi et il se peut que vous ne vous sentiez pas capable de dire cela maintenant. Pourquoi ne pas saisir cette opportunité pour demander à Dieu de l'aide dans ce domaine ?

Faites cette prière pour terminer ce chapitre :

Cher Seigneur, tu sais exactement où je me situe sur l'échelle de l'excellence. Seigneur, j'ai besoin de ton aide ! Par ta grâce et ta force, permets-moi s'il te plaît de poser le fondement de l'excellence dans mon travail, dans ma famille, dans tous les aspects de ma vie. Je ne suis pas là où je devrais être dans ce domaine c'est pourquoi je te demande de m'aider à y arriver. Dans le nom de Jésus. Amen !

Chapitre 4

La deuxième composante : la connaissance

A près l'excellence, quelle est la composante que nous devons ajouter au processus qui nous mène à la perfection ? Pour répondre, regardons les paroles suivantes dans 2 Pierre 1:5, nous lirons le verset entièrement :

> *"Pour cette même raison, apportez encore tout votre zèle à joindre à votre foi la vertu (excellence), à la vertu (excellence,) la connaissance..."* (Bible de Jérusalem)

La deuxième étape est la connaissance. Quel genre de connaissance ? L'Écriture ne se réfère pas ici à la connaissance scientifique, mais à la connaissance de la parole et de la volonté de Dieu.

Une priorité pour chaque chrétien

Vous devez faire immédiatement attention à deux choses quand vous devenez chrétien. La première est la question de l'excellence : grandir dans la droiture, être efficace et ponctuel. Si vous êtes payé pour travailler huit heures par jour et que vous ne travaillez que sept heures cinquante-cinq, réalisez que vous volez cinq minutes. C'est du vol. Je pense qu'aujourd'hui la plupart des employés sont des voleurs. En tant que chrétiens nous avons un témoignage à rendre, et le vol est impossible.

Après nous être penchés sur l'excellence, notre priorité suivante est d'acquérir la connaissance – la connaissance de la parole de Dieu et de sa volonté. C'est la parole de Dieu qui nous révèle sa volonté. L'un des plus grands défis des apôtres était d'être continuellement confrontés à l'ignorance. Ils ont continuellement dû batailler contre cela.

Je n'avais pas bien compris cette bataille contre l'ignorance avant d'exercer mon ministère au Pakistan il y a plusieurs années de cela. À cette époque presque 80 % des femmes étaient analphabètes et pour les hommes environ 50 %. Quand un des prédicateurs qui voyageait avec moi m'informa par avance qu'il allait prêcher sur l'Exode d'Israël hors d'Égypte, je lui dis : "Avant de le faire, tu devras leur expliquer qu'Israël n'était pas en Égypte, parce qu'ils ne le savent pas." Durant ce temps de ministère, chaque fois que je me tenais devant ces gens pour apporter mes messages, je sentais un épais mur de ténèbres, qui était celui de l'ignorance. Je n'ai jamais autant ressenti la puissance négative de l'ignorance que dans ces circonstances.

Une stratégie sournoise

Cela peut vous choquer, mais j'ai observé que l'ignorance augmente à une vitesse alarmante dans toutes les cultures. En parlant de notre propre culture par exemple, les Américains ne connaissent pas les principales dates de l'histoire américaine. Ils ne connaissent pas les dates de la guerre civile. L'intelligence a très peu de place dans notre culture contemporaine. Il y a les super intelligents, les cracks et ceux qui conçoivent les ordinateurs. Mais en règle générale, c'est un niveau bas de compétence. Aujourd'hui, il est plus difficile d'avoir un bâtiment bien construit qu'il y a cinquante ans ou de trouver des ouvriers dignes de confiance.

Après être allé au Pakistan, j'ai réalisé que c'était une stratégie du diable. Satan jette délibérément un voile d'ignorance sur les gens afin qu'ils soient prêts pour l'antéchrist. L'ignorance mondiale va préparer la voie à l'antéchrist.

L'ignorance dans l'Église aujourd'hui

Regardons rapidement certains domaines d'ignorance que les apôtres ont dû combattre dans l'Église primitive. Je crois que vous allez voir que la plupart sont toujours d'actualité. Dans Romains 11:25-26, nous trouvons le premier domaine d'ignorance :

> *"Car je ne veux pas, frères, que vous ignoriez ce mystère, afin que vous ne vous regardiez pas comme sages, c'est qu'une partie d'Israël est tombée dans l'endurcissement jusqu'à ce que la totalité des païens soit entrée. Et ainsi tout Israël sera sauvé."*

Une grande partie de l'Église aujourd'hui ignore le fait que Dieu a permis l'aveuglement ou l'endurcissement d'Israël jusqu'à ce que la totalité des païens soit entrée. Tout Israël[3] sera alors sauvé. Il existe une grande confusion dans l'Église aujourd'hui à cause de l'ignorance de ce mystère.

Dans 1 Corinthiens 10:1-11, Paul parle aux chrétiens de Corinthe d'un autre domaine dans lequel ils font preuve d'ignorance, les exhortant à se souvenir que tout ce qui est arrivé à Israël dans l'Ancien Testament était un modèle ou un exemple pour nous avertir. Dans les versets 1 à 4 il dit :

> *"... que nos pères ont été sous la nuée, qu'ils ont tous passé au travers de la mer, qu'ils ont tous été baptisés en Moïse dans la nuée et dans la mer, qu'ils ont tous mangé le même aliment spirituel, et qu'ils ont tous bu le même breuvage spirituel..."*

Dans ce passage, Paul cite cinq expériences spirituelles surnaturelles qui sont arrivées aux patriarches d'Israël. Puis il dit : *"Mais la plupart d'entre eux ne furent pas agréables à Dieu (verset 5)"*. C'est quelque chose que nous devons savoir ! Nous pouvons être baptisés dans l'Esprit et dans l'eau, parler en langues, et pourtant ne pas plaire à Dieu.

Un avertissement sérieux

Dans les cinq versets suivants, versets 6 à 10, Paul fait une liste des problèmes que rencontrait Israël et nous les retrouvons tous dans l'Église d'aujourd'hui. Ne pas désirer les choses mauvaises. Ne pas vivre dans l'immoralité sexuelle. Ne pas tenter Christ. Ne pas murmurer (murmurer est un terme ancien qui signifie se plaindre).

Combien de chrétiens savent-ils que se plaindre est un péché ? Pour les Israélites, les conséquences ont été graves pour s'être plaints et avoir 'tenté Christ'. Leurs plaintes ont amené les serpents qui les ont mordus et leurs murmures ont fait fondre sur eux la destruction. Quelle est l'alternative au murmure ? La louange. Si vous louez tout le temps, vous ne pourrez pas vous plaindre. Et si vous vous plaignez, vous ne pouvez pas louer. Vous devez choisir votre activité principale.

Nous lisons ensuite au verset 11 :

> *"Ces choses leur sont arrivées pour servir d'exemples* (ou de

---

[3] Ailleurs dans son enseignement, Derek Prince explique que 'tout Israël' ne veut pas forcément dire 'tout l'État d'Israël', ou 'chaque israélite', s'ils ont accepté le Messie ou non, mais le reste choisi de Dieu, ayant accepté le Messie (N.D.T.)

modèles), *et elles ont été écrites pour notre instruction à nous qui sommes parvenus à la fin des siècles.*" 1 Corinthiens 10:11

Toutes les expériences d'Israël dans l'Ancienne Alliance ont été écrites pour notre instruction, pour nous avertir de ne pas commettre les mêmes erreurs. Si nous ne prenons connaissance de ce qui leur est arrivé en méditant la Parole, comment pourrons-nous être avertis ?

Encore plus d'ignorance

Dans 1 Corinthiens 12:1, Paul attire notre attention sur le troisième domaine d'ignorance dans l'Église :

> "*Pour ce qui concerne les dons spirituels, je ne veux pas, frères, que vous soyez dans l'ignorance...*"

Il y a dans l'Église une certaine connaissance des dons spirituels, mais il subsiste cependant une grande part d'ignorance. Quand je repense à l'ignorance dont nous faisions preuve quand j'ai débuté dans le ministère... je suis gêné. Vous auriez pu nous présenter un démon sur un plateau et nous n'aurions pas su ce que c'était ni quoi en faire !

Paul parle dans 1 Thessaloniciens 4:13 d'un autre sujet d'ignorance :

> "*Nous ne voulons pas, frères, que vous soyez dans l'ignorance au sujet de ceux qui dorment (morts dans la foi) afin que vous ne vous affligiez pas comme les autres qui n'ont pas d'espérance.*"

Nous devons savoir ce qui arrive aux croyants après la mort. Quelle est l'ultime destinée de ceux qui meurent en Christ ? Il est très important que nous le sachions.

Pour le cinquième et dernier exemple de ce que nous devons comprendre, regardons 1 Pierre 3:8. Remarquez que Pierre parle à tous les apôtres, pas simplement à l'un d'entre eux.

> "*Mais il est une chose, bien-aimés, que vous ne devez pas ignorer, c'est que devant le Seigneur un jour est comme mille ans, et mille ans sont comme un jour.*"

Nous devons comprendre la mesure du temps de Dieu. Mille ans sont comme un jour pour Dieu. Qu'est-ce que cela signifie pour les deux mille ans qui se sont écoulés selon notre mesure depuis que Jésus est mort et qu'il est ressuscité ? Pour Dieu, cela représente deux jours.

Il y a tant de domaines dans lesquels le peuple de Dieu est ignorant, dans lesquels il manque de la connaissance de la parole de Dieu. J'aimerais vous dire, à vous en particulier, si vous êtes appelés au ministère, faites en sorte que les gens soient instruits dans les grandes vérités centrales de la Bible, celles que tout chrétien doit connaître. Posez un solide fondement dans la vie de ceux envers qui vous exercez votre ministère et avec qui vous êtes en relation.

Chapitre 5

La troisième composante : la maîtrise de soi

Dans ce chapitre nous allons continuer à examiner les paroles de Jésus qui se trouvent dans Matthieu 5:48 : *"Soyez donc parfaits, comme votre Père céleste est parfait."* Avant de continuer, il est bon de s'arrêter un instant et de revoir ce que nous avons déjà étudié.

Récapitulatif de ce que nous avons appris

Nous avons vu dans les chapitres précédents que Dieu a un programme ou un processus par lequel nous pouvons passer pour aller de notre foi de départ en Jésus à ce que la Bible appelle la perfection. Le passage où nous trouvons le "processus de perfection" se trouve dans 2 Pierre 1:1-7 où Pierre dit que tout commence avec la grâce de Dieu (verset 2). Si nous commençons par autre chose, nous allons irrémédiablement échouer. Si nous faisons confiance à notre propre intelligence, à nos capacités ou à notre justice, nous serons bien en dessous des critères de perfection de Dieu. Il est donc important que cet enseignement commence par ce mot clé : *grâce*.

Pierre parle ensuite d'une vie de multiplication. Il nous fait remarquer que la puissance de Dieu nous a donné tout ce qui contribue à la vie et à la piété. Dieu a tout prévu dans les promesses. C'est si important que je veux encore une fois vous demander de dire à haute voix : *"Dieu a tout prévu dans ses promesses."*

En nous appropriant ces promesses, en les croyant et en y obéissant, nous devenons progressivement participants à la nature divine en échappant en même temps à la corruption du monde par sa convoitise.

Au verset 5, Pierre commence à parler du processus qui consiste à ajouter des pierres sur plusieurs niveaux à notre fondation de foi. Souvenez-vous que le seul point de départ de notre vie chrétienne est la foi. La foi est le fondement le plus grand sur lequel nous allons bâtir tous les niveaux successifs ou histoires. Ajouter des pierres à cette dalle de foi est le processus qui va permettre en nous une vie qui sera 'parfaite.'

Jusqu'à présent nous avons parlé des deux premiers niveaux de notre construction. Récapitulons rapidement ce que nous avons dit des deux premiers niveaux ou "composantes" qui nous sont donnés dans 2 Pierre 1:5 : *"Ajoutez à votre foi la vertu."* Vous vous souvenez que j'ai choisi le mot 'excellence' au lieu de celui de vertu parce que je souhaite délibérément m'éloigner d'un contexte religieux ou moral. Je crois que Dieu attend que chaque chrétien accède à l'excellence même si sa vocation est humble.

Je me souviens de ce qui est arrivé en Allemagne à travers le ministère d'un ami pasteur. Il avait conduit au Seigneur un jeune homme qui avait connu la drogue. L'intelligence de ce jeune homme avait été atteinte, elle ne fonctionnait plus. Mais il avait une véritable foi en Jésus. Mon ami l'a emmené chez lui et a commencé à lui montrer les éléments de la vie et de la discipline chrétiennes. Au bout d'un certain temps, il a réussi à trouver un travail dans une entreprise qui l'employait aux tâches les plus humbles : vider les corbeilles à papier et autres tâches ingrates. Le pasteur dit au jeune homme : "J'aimerais te dire deux choses : premièrement, confie-toi en Jésus et demande-lui son aide. Deuxièmement, sois fidèle." Il accomplit donc fidèlement sa tâche. Au bout d'un certain temps, on lui donna une promotion. Il fit tout cela fidèlement, priant sans cesse, et cela continua jusqu'à ce qu'il obtienne un poste avec une certaine responsabilité.

Dans ce pays, la plupart des gens pensaient qu'il fallait des diplômes, il décida donc de s'inscrire à l'école. Il alla voir son patron pour lui expliquer qu'il partait et pour le remercier de toute l'aide qu'il avait reçue. Mais quand il dit à son patron qu'il voulait partir, celui-ci lui répondit : "Vous ne pouvez pas partir. Vous êtes le seul dans cette entreprise en qui je puisse avoir confiance. Restez et je vous formerai pour que vous puissiez prendre ma suite."

C'est une histoire vraie. Vous voyez, la clé c'est la fidélité. Salomon a dit :

"Mais un homme fidèle qui le trouvera ?" (Proverbes 20:6)

Salomon dirigeait un grand empire. Il avait tous les hommes d'Israël à sa disposition, mais il avait quand même du mal à trouver quelqu'un en qui il puisse avoir confiance. Si vous n'êtes pas qualifié, soyez avant tout digne de confiance et fidèle. Jésus a dit : "Celui qui est fidèle dans les moindres choses l'est aussi dans les grandes et celui qui est injuste dans les moindres choses l'est aussi dans les grandes." (Luc 16:10)

J'ai rencontré des gens qui avaient des exigences et qui disaient : " Ce travail est trop insignifiant. Il ne mérite pas que je m'y intéresse. Donnez-moi un travail plus important et je vais vous montrer ce que je sais réellement faire."

Pour ma part, je ne donnerais jamais un travail à une telle personne parce que cette attitude est contraire aux principes de l'Écriture. Jésus a dit : "Testez-la dans les petites choses. Celui qui est fidèle dans les petites choses, vous pouvez lui faire confiance pour les grandes."

Nous voyons donc que l'excellence est à la portée de tous ceux qui croient, qui sont sincères et qui veulent demeurer humbles.

Regardons encore une fois notre texte de 2 Pierre 1:5 : *"Ajoutez à la vertu (excellence) la connaissance"*. La composante qui vient après l'excellence est la connaissance. Je vous ai fait remarquer que ce n'est pas la connaissance scientifique dont nous avons besoin même si elle peut être très utile. C'est tout d'abord à travers la connaissance de Dieu, la connaissance de sa Parole et de sa volonté que nous devenons un chrétien efficace et victorieux.

Nous avons vu quelques exemples d'ignorance que les apôtres devaient combattre et qui existent encore dans l'Église d'aujourd'hui. Je vous ai donné cinq exemples de ces domaines.

En premier lieu, tout chrétien doit comprendre le mystère du programme de Dieu pour Israël. Un chrétien doit savoir que nous ne sommes pas complètement indépendants d'Israël. Les desseins de Dieu ne peuvent s'accomplir pleinement *"avant que la totalité des païens soit entrée. Et ainsi tout Israël sera sauvé."* (Romains 11:25-26)

Nous ne devons pas non plus ignorer les différents avertissements pour l'Église à partir des expériences d'Israël sur le chemin de l'Égypte vers Canaan. Souvenez-vous une génération entière a péri dans le désert à cause de l'incrédulité. Paul dit clairement que c'est un avertissement pour nous.

> *"... en devenant conforme à lui dans sa mort, pour parvenir (pas au paradis, mais) si je puis à la résurrection d'entre les morts."* (Philippiens 3:11)

Encore une fois, c'est un domaine dans lequel beaucoup de chrétiens manquent de connaissance.

Enfin, nous avons parlé du dernier sujet d'ignorance en ce qui concerne la mesure du temps de Dieu : *"Devant le Seigneur un jour est comme mille ans, et mille ans sont comme un jour."* (2 Pierre 3:8) Le temps est différent pour Dieu et il est important pour nous de connaître cette vérité.

Exercer notre volonté

Nous sommes maintenant prêts à continuer vers les différentes étapes de ce processus. Examinons la troisième composante, que nous trouvons dans 2 Pierre 1:6 :

"... à la connaissance la maîtrise de soi..."

Certaines personnes qui ont reçu le baptême dans le Saint-Esprit pensent que le Saint-Esprit va prendre le pouvoir et tout faire à leur place. Mais la maîtrise de soi est l'un des neuf aspects du fruit de l'Esprit et doit être cultivée. Le Saint-Esprit ne va pas tout faire. Il communique la maîtrise de soi, et c'est à nous ensuite de nous contrôler. Si nous exerçons notre volonté et prenons les bonnes décisions, le Saint-Esprit nous fortifiera et nous rendra capables. Mais il ne prendra pas les décisions à notre place.

Le Nouveau Testament utilise généralement différentes images pour illustrer la nécessité de la maîtrise de soi. L'une des raisons pour lesquelles nous avons besoin de la maîtrise de soi, c'est parce qu'elle est suivie par l'endurance. Ces deux composantes, maîtrise de soi et endurance peuvent se développer dans un goulot d'étranglement. Si vous ne passez pas ce goulot d'étranglement, vous ne pourrez plus faire de progrès. Et vous ne pouvez pas l'ignorer, vous devez suivre l'ordre biblique.

Après la connaissance vient la maîtrise de soi. Quand vous savez tout ce que vous devez faire, c'est bien, mais ce n'est pas la même chose que d'être capable de le faire. Être capable de le faire et le faire vraiment dépend de notre capacité à nous contrôler.

L'une des images les plus claires que Paul utilise pour illustrer la maîtrise de soi est celle d'un athlète. Je suis toujours en quelque sorte humilié quand j'enseigne ce thème parce que je me demande toujours : "Jusqu'où suis-je arrivé ?"

Regardons ce que Paul dit dans 1 Corinthiens 9:24 :

"Ne savez-vous pas..."

Remarquez encore une fois que c'est un défi en ce qui concerne l'ignorance :

"Ne savez-vous pas que ceux qui courent dans le stade courent tous, mais qu'un seul remporte le prix ? Courez de manière à le remporter."

Sachez que nous n'entrons pas en compétition avec les autres chrétiens.

Nous luttons contre les forces qui s'opposent à nous et nous empêchent de gagner le prix.

Paul continue :

> *"Tous ceux qui combattent s'imposent toute espèce d'abstinence." Verset 25*

Continuons pour voir comment cela s'applique à nos vies :

> *"Et ils (les athlètes) le font pour obtenir une couronne corruptible ; mais nous, faisons-le pour une couronne incorruptible." Verset 25*

La médaille d'or des Jeux olympiques antiques était une couronne de laurier qui était placée sur le front du vainqueur. Bien sûr, elle se fanait au bout d'un moment, mais c'était quand même le signe d'un grand honneur. Paul continue pour confirmer que ces athlètes olympiques se battaient pour une couronne qui allait se faner. Alors Paul ajoute que nous, nous battons pour une couronne impérissable. Devant nous s'ouvre la possibilité d'une couronne, une médaille d'or qui est éternelle.

Au verset 26, Paul applique cette vérité à sa propre vie :

> *"Moi donc je cours, non pas comme à l'aventure..."*

En d'autres termes, Paul dit : "Je sais vers quel but je tends et je ne m'en écarte ni à droite ni à gauche. Je vais droit vers le but."

J'ai souvent dit que si vous ne visez rien, vous êtes sûr de ne rien atteindre. L'une des grandes tragédies dans la vie des chrétiens, c'est le manque de but. Tout chrétien doit avoir un but. Tout chrétien doit avoir un objectif. Ne devenez pas quelqu'un qui ne fait que suivre une routine religieuse – aller à l'Église chaque dimanche et à l'étude biblique du mercredi soir, et peut-être au groupe de maison un autre soir de la semaine. C'est bien, mais à long terme vous allez vous dessécher spirituellement, à moins d'avoir un but en vue.

Battre l'air

Paul continue à appliquer à sa vie la métaphore de l'athlétisme au verset 26 :

> *"Je frappe non pas comme battant l'air."*

L'image que Paul décrit ici est celle d'un boxeur donnant frénétiquement et imprudemment des coups sans savoir ce qu'il vise. Beaucoup d'entre nous sont comme cela dans leur vie de prière. Nous savons que nous combattons quelque chose, mais nous ne savons pas quoi. J'ai appris au cours des années que nos prières ne deviennent pleinement efficaces que quand nous savons ce à quoi et à qui nous avons à faire. C'est pourquoi nous avons besoin des dons du Saint-Esprit dans nos vies. Les dons comme la parole de connaissance, la parole de sagesse et le discernement des esprits nous rendront capables de savoir contre quoi nous luttons.

Quand j'étais pasteur à Londres dans le quartier Bayswater, au début des années 50, la plupart des membres de l'Église étaient des gens qui avaient été sauvés dans des réunions de rue. Ce n'était pas toujours les gens les plus respectables. Nous avions beaucoup de personnes qui luttaient, tourmentées par des démons, mais je n'avais aucune idée de la façon dont il fallait traiter les démons. Parfois nous suivions la vieille méthode qui consistait à crier fort et longtemps en espérant que quelque chose se passerait. Mais les démons ne sont pas sourds ! Il n'est pas nécessaire de leur crier dessus. Vous devez savoir à qui vous avez à faire.

Je me souviens d'une situation où nous avons eu la victoire – pas par notre intelligence, mais par la grâce de Dieu. Ma première femme Lydia et moi avions aidé deux femmes russes à venir en Angleterre de Russie en passant par Israël. Elles étaient devenues chrétiennes par une rencontre extraordinaire avec Jésus un soir alors qu'elles avaient décidé de se suicider (l'histoire est trop longue pour vous la raconter ici). Nous nous rencontrions régulièrement chez nous pour prier. Une après-midi alors que nous étions ensemble, elles nous dirent : "Nous sommes baptistes, mais en Russie les baptistes sont plus bruyants que les pentecôtistes de ce pays." Quand elles priaient, elles ne se souciaient pas de ce que penserait le voisin, elles décollaient simplement.

Nous étions au beau milieu de l'un de ces moments de prière quand on a sonné à la porte. Je suis descendu pour ouvrir. C'était une de mes paroissiennes accompagnée de son mari. Elle me le présenta : "Voici mon mari. Il sort tout juste de prison, et il a un démon." Honnêtement, je ne savais même pas qu'elle avait un mari ! Et sa déclaration n'était pas du tout une bonne nouvelle pour moi. Je pensais : "Qu'allais-je faire de cet homme ?" Je les laissai monter et nous avons continué à prier parce que nous ne savions pas quoi faire d'autre.

Après que les Russes aient prié plutôt fort durant vingt minutes, cet homme s'est tourné vers moi et m'a dit : "Je m'en vais. Il y a trop de bruit !" Dieu m'a donné une merveilleuse réponse, et je lui donne toute la gloire pour me l'avoir donnée. J'ai dit : "Écoutez, c'est le diable qui n'aime pas le bruit parce que nous louons Jésus. Vous avez deux possibilités. Si vous partez maintenant, le diable partira avec vous. Si vous restez, le diable s'en ira sans vous." Nous avons donc continué à prier. Dix minutes plus tard, il vint vers moi et me dit : "C'est parti ; j'ai senti que c'est sorti par ma gorge."

En général, nous perdons souvent des heures "à battre l'air" parce que nous ne savons pas ce que nous combattons ni comment combattre. Parfois nous avons la victoire, mais nos succès sont aussi nombreux que nos échecs. Paul dit que quand nous combattons, nous devons savoir ce que nous combattons. Soyez précis, identifiez l'ennemi et sachez comment le traiter.

Tout ce que nous avons examiné dans cette partie est en rapport avec la maîtrise de soi. À ce propos, Paul termine 1 Corinthiens 9 par ces mots :

> *"Mais je traite durement mon corps et je le tiens assujetti, de peur d'être moi-même rejeté, après avoir prêché aux autres."*
> Verset 27

La vision est essentielle

Paul nous a donné l'image d'un athlète qui veut gagner la médaille d'or. C'est son ambition et sa vision. Pour gagner cette médaille, il se soumet à une discipline des plus rigoureuses. Pourquoi se soumet-il à cette discipline ? Parce qu'il a un but. Il a une vision. Il se voit courir plus vite, sauter plus haut, ou lancer le javelot plus loin que quiconque avant lui. Sa vision le motive.

Dans Proverbes 29:18 l'auteur dit :

> *"Quand il n'y a pas de vision, le peuple est sans frein (périt)"*

La vision nous rend capables de nous discipliner. Avez-vous déjà essayé de maigrir ? Avez-vous réussi ? Si ce n'est pas le cas, votre problème c'est peut-être que vous n'avez pas une vision suffisamment claire de la façon dont vous désirez être. Si vous arrivez à vous voir plus mince, les muscles tonifiés et la peau éclatante, cette vision peut être assez claire pour vous faire faire les sacrifices nécessaires. Mais si vous avez une vision trouble de ce que vous voulez être, cela ne vous motivera pas pour faire les sacrifices nécessaires.

Durant des années, j'ai été ami avec une femme que je considérais comme la danseuse la plus talentueuse du vingtième siècle. Je l'ai connue alors qu'elle n'avait que seize ans et j'ai suivi sa carrière durant plusieurs années. Je n'ai pas été surpris de sa réussite parce que je connaissais sa motivation. Tout dans sa vie était soumis à la danse. Les livres qu'elle lisait, la nourriture qu'elle mangeait, les exercices qu'elle faisait – tout était entrepris dans le but de danser à la perfection.

Au début de notre amitié, j'étais plutôt un étudiant sans but. Mais une fois devenu chrétien, j'ai souvent réfléchi à la discipline de cette femme. Je pensais : "Si seulement les chrétiens étaient aussi motivés qu'elle ; si seulement, comme elle, ils avaient une vision de ce qu'ils peuvent atteindre, ils ne dériveraient pas. Ils ne se laisseraient pas flotter au gré de l'influence de la société sur eux."

Si vous regardez dans la parole de Dieu – en fixant les regards sur elle avec attention –, vous aurez une vision. La Bible dit que quand nous regardons dans la parole de Dieu et que nous voyons la gloire de Dieu, nous sommes transformés en la même image, de gloire en gloire (2 Corinthiens 3:18). Mais dans le monde d'aujourd'hui, nous passons trop de temps devant la télé et trop peu de temps devant la Bible ouverte. La plupart des choses que nous voyons dans les images qui nous entourent ne nous poussent pas dans le bon chemin. Il faut que cela change.

Il est impossible d'être chrétien sans faire quelques sacrifices. Nous devons sacrifier certaines de nos habitudes et nos pratiques vaines qui s'opposent à notre vision et à notre but pour être davantage comme Jésus.

Résister aux "ouvreurs de portes"

Quand on parle de maîtrise de soi, on pense aux désirs charnels. Je dois admettre que la plupart d'entre nous ont probablement des problèmes dans ce domaine. Il est tragique que dans les pays occidentaux beaucoup de gens essaient de perdre du poids, ou tout du moins évitent d'en prendre, tandis qu'ailleurs dans le monde d'autres n'ont pas assez à manger. C'est une tragédie.

Il y a pourtant bien d'autres domaines que nous devons contrôler en dehors de nos appétits. Prenons notre humeur. Nous ne sommes pas libres de nous laisser aller à la colère, au ressentiment, à l'amertume, à l'apitoiement ou à la dépression. Nous ne devons pas nous y abandonner. Ils sont plus meurtriers que nos appétits charnels. Ne soyez pas versatile. Je crois qu'il y a quelque chose qui ne va pas chez les personnes versatiles. Je pense qu'elles sont spirituellement désaxées.

Après l'épisode de Bayswater (le jour où le mari a reçu la délivrance pendant notre "bruyante" réunion de prière), Dieu m'a plongé dans des temps réguliers de ministère où je me trouvais devant des personnes qui avaient besoin d'être délivrées de démons. J'ai appris une vérité intéressante : certains démons sont des "ouvreurs de portes". Ils entrent et ouvrent la porte à d'autres. Le ressentiment et l'apitoiement sur soi-même sont les deux principaux. Ne vous y abandonnez pas. Vous pouvez le décider. Exercez votre volonté et commencez à louer Dieu au lieu de vous désoler sur vous-mêmes. Commencez à citer les promesses de Dieu.

Comme tout le monde, j'avais développé un certain système de pensées. Je veux dire par là que j'avais certains modèles de pensées qui dataient de bien avant mon salut et qui me revenaient à l'esprit. Mais j'ai découvert une discipline que je vais partager avec vous parce que cela peut vous aider. Elle est fondée sur 2 Corinthiens 5:17-18 :

> *"Si quelqu'un est en Christ, il est une nouvelle création ; les choses anciennes sont passées, voici toutes choses sont devenues nouvelles. Et cela vient de Dieu."*

Chaque fois que ces modèles de pensées vaines, négatives ou qui n'édifient pas réapparaissaient, je m'arrêtais et je disais : "Je suis en Christ. Je suis donc une nouvelle création. Les choses anciennes sont passées. Toutes choses sont devenues nouvelles et toutes ces choses viennent de Dieu." J'en suis arrivé au point où ça n'intéressait plus le diable de me tenter ainsi, parce que chaque fois qu'il le faisait, j'allais plus loin dans la parole de Dieu. Mais si je l'avais laissé jouer avec mon esprit, il aurait continué.

Le domaine de la maîtrise de soi est une discipline à laquelle nous devons tous porter une attention particulière. En ce qui me concerne, la doctrine pentecôtiste m'avait enseigné ceci : "Je suis sauvé, je suis baptisé d'eau, baptisé dans l'Esprit, je parle en langues, je n'ai plus de problèmes !" Mais ce n'est pas vrai. Je savais par expérience que ce n'était vrai ni pour moi ni pour les pentecôtistes dont j'étais le pasteur. Croyez-moi. Leurs problèmes ne se sont pas envolés du jour où ils ont parlé en langues !

Non seulement les pentecôtistes, mais nous tous devons nous astreindre à une discipline, sans nous laisser guider par nos humeurs, nos attitudes et nos désirs. Si vous avez une vision, vous pourrez y arriver. Mais sans vision, vous vous débarrasserez des contraintes et vous ne verrez pas la nécessité de la discipline et de la maîtrise de soi.

Cette composante implique un combat. Ruth et moi pouvons témoigner que nous avons dû tous deux combattre dans le domaine de la maîtrise de soi. Nous ne sommes en aucun cas parfaits. Vous pouvez vous attendre à des temps de combat dans ce processus de perfection. Mais le but est d'aller de l'avant et non pas de reculer.

Déclarons-le au Seigneur à haute voix pour terminer ce chapitre :

> *"Seigneur, je reconnais que la maîtrise de soi est un domaine que je dois prendre au sérieux dans ma vie. Sous l'inspiration de ta Parole, je la mets devant moi comme une vision et un but. Par ta grâce et avec ton aide, je vais avancer vers toi dans le domaine de la maîtrise de soi."*

Chapitre 6

La quatrième composante : l'endurance

L a composante suivante de la liste de Pierre est clairement liée à la maîtrise de soi.

"Ajoutez... à la tempérance, la patience (la persévérance, ou l'endurance)." Verset 6

Comme je l'ai fait remarquer plus haut, sans la maîtrise de soi vous ne pourrez jamais ni persévérer ni résister. Chaque fois qu'une épreuve viendra, vous abandonnerez. C'est pourquoi j'appelle ces deux composantes (la maîtrise de soi et l'endurance) : le "goulot d'étranglement". Tant que vous n'aurez pas franchi ce goulot d'étranglement, vous ne pourrez pas aller de l'avant et progresser vers les trois niveaux suivants.

À un moment de notre vie, Ruth et moi avons traversé des difficultés qui ont duré deux ans. J'ai dit à Ruth : "Ce n'est pas une bataille, c'est une guerre." Durant ce temps, nous nous sommes assis et nous nous sommes demandé ce que Dieu voulait faire dans nos vies. Nous en sommes arrivés à la conclusion que dans la vie de Ruth il visait l'endurance et dans la mienne la patience.

En tant que personne dynamique et déterminée, il ne m'a pas été facile de prendre en compte les faibles. Toute ma vie, je suis allé de l'avant, ce que je ne regrette pas. Je suis heureux de l'avoir fait. Mais on ne peut pas ignorer les faibles.

Ruth a été faible physiquement, mais à bien d'autres égards, elle a été extrêmement forte. Dieu travaillait en nous par ce que nous traversions. Nous en avons conclu qu'il n'y avait qu'une seule façon d'apprendre l'endurance : en endurant.

N'imaginez pas que vous pourrez l'apprendre autrement. Si vous demandez au Seigneur pourquoi vous devez passer par certaines choses, il vous répondra : "Parce que je t'enseigne l'endurance." Vous serez peut-être tenté de demander : "N'y a-t-il pas d'autres moyens ? Vous l'entendrez vous répondre : "Non, il n'y a pas d'autre moyen. C'est la seule façon."

Alors si vous passez par des combats comme cela aujourd'hui, ne vous découragez pas. Dieu est toujours sur le trône. Il travaille en vous. Souvenez-vous que Dieu a l'éternité en vue. J'en suis arrivé à cette conclusion : Dieu ne sacrifiera pas le moindre fragment d'éternité pour tout notre temps. Il oeuvre toujours pour l'éternité.

L'endurance demande du temps

J'ai connu un jeune leader plein de talent d'une œuvre grandissante aux États-Unis. Peu après la naissance de son fils, je me trouvais chez lui et j'ai prié pour ce petit garçon afin de le consacrer au Seigneur. En grandissant, il est devenu évident qu'il louchait. Le spécialiste annonça qu'il n'y avait pas de remède. Il ne pouvait rien faire. Il devrait porter des lunettes toute sa vie.

Cependant le Seigneur leur donna cette parole du Psaume 87:4 : *"Ils vont de force en force pour se présenter devant Dieu en Sion"* (Ostervald). Leur force ne diminue pas, elle augmente. Durant sept ans ils ont proclamé cette promesse de Dieu *"de force en force"*. Le résultat c'est que ce garçon est maintenant complètement guéri. Le médecin a dit qu'il n'avait plus besoin de lunettes. Mais cela a pris sept ans.

Rester connecté

Si vous allez à une réunion de guérison et que l'on prie pour vous, mais que vous ne voyez aucun résultat, vous pouvez penser que vous n'avez pas été guéri. Pourtant, la guérison est peut-être en marche. Peut-être que pour être guéri, il va falloir endurer. Combien de temps ? Dieu seul le sait. Toutes les guérisons ne sont pas instantanées, beaucoup sont progressives. Mais si vous n'endurez pas, vous pouvez la perdre ou ne pas entrer dans la guérison qui vous attend.

Personnellement, je crois selon ce que dit la Parole que toute personne à qui un ancien impose les mains dans la foi et l'onction est en marche vers la guérison. C'est ce que la parole de Dieu dit. Mais beaucoup ne reçoivent pas de guérison définitive parce qu'ils ne persévèrent pas.

Quand je prie pour quelqu'un et que je vois que Dieu l'a touché physiquement, je déclare : "Maintenant la puissance de Dieu est à l'œuvre dans votre corps. Laissez la prise branchée et vous serez guéri." Quand on me demande comment garder la prise branchée, je leur dis : "En remerciant Dieu. Continuez à le remercier, encore et encore."

Quand j'ai rencontré Ruth pour la première fois en 1977, elle était invalide à cause d'un disque fissuré. Par compassion, je me suis avancé vers elle et j'ai prié pour elle, je ne savais pas du tout où je mettais les pieds ! J'ai prié pour elle en juin et j'ai su que Dieu l'avait touchée. Alors je lui ai dit : "Dieu t'a touchée, reste connectée." C'est l'un de mes exemples. Elle est restée connectée jusqu'en novembre, remerciant Dieu chaque jour de ce que sa puissance de guérison était à l'oeuvre dans son corps ! Quelques mois plus tard, lors d'une réunion en novembre, elle a été guérie instantanément et définitivement. Mais elle a dû rester connectée durant presque cinq mois. Beaucoup de gens auraient débranché et se seraient dit : "Je n'ai pas été guéri." Quand vous dites cela, vous débranchez la prise. Vous coupez le courant.

Demeurer ferme dans l'espérance

La maîtrise de soi et la persévérance (ou l'endurance) est un passage obligé. Tant que vous ne passerez pas par eux, vous resterez bloqué. Peut-être devrions-nous regarder rapidement quelques passages pour nous encourager en commençant par Hébreux 6:11 et suivants :

> *"Nous désirons que chacun de vous montre le même zèle pour conserver jusqu'à la fin une pleine espérance, en sorte que vous ne vous relâchiez pas* (en marge de ma Bible il est question de paresse) *et que vous imitiez ceux qui par la foi et la persévérance héritent des promesses."* Versets 11-12

Remarquez le mot zèle. Et aussi l'expression "jusqu'à la fin". Autrement dit, n'abandonnez pas. Encore une fois, il ne suffit pas d'avoir la foi. Vous devez avoir la foi et la patience.

> *"Lorsque Dieu fit la promesse à Abraham, ne pouvant jurer par un plus grand que lui, il jura par lui-même et dit : Certainement, je te bénirai et je multiplierai ta postérité. Et c'est ainsi qu'Abraham ayant persévéré obtint l'effet des promesses."* Versets 13-15

Combien de temps a-t-il fallu ? Vingt-cinq ans ! Pensez au nombre de fois où il a dû être tenté par le doute et se dire que cela n'allait pas marcher. Dieu l'a laissé atteindre ses quatre-vingt-dix-neuf ans avant d'avoir le fils promis. C'est de la patience. Et souvenez-vous Abraham est le père des croyants. Nous sommes les enfants d'Abraham si nous marchons dans les traces de foi de notre père Abraham. Quelles étaient ses traces ? La foi et la patience.

On trouve beaucoup ces principes dans l'épître aux Hébreux, regardons Hébreux 10:36 :

> *"Car vous avez besoin de persévérance, afin qu'après avoir accompli la volonté de Dieu, vous obteniez ce qui vous est promis."*

Il y a une différence entre faire la volonté de Dieu et recevoir la promesse. Dans cette espace, vous pouvez faire deux choses. Vous pouvez garder la prise branchée ou vous pouvez la débrancher. Si vous la débranchez, vous n'aurez rien. Si vous la laissez branchée, vous aurez tout. Qu'est-ce que Dieu teste ? Votre persévérance.

Nous lisons ensuite dans Hébreux 12:1

> *"Nous donc aussi, puisque nous sommes environnés d'une si grande nuée de témoins, rejetons tout fardeau, et le péché qui nous enveloppe si facilement, et courons avec persévérance dans la carrière qui nous est ouverte."*

La vie chrétienne n'est pas un sprint. Je crois qu'on peut plutôt la comparer à un marathon. Beaucoup de gens partent très vite, mais ils ne passent jamais la ligne d'arrivée. L'exigence la plus importante est la composante de l'endurance.

Terminons ce chapitre par cette simple proclamation :

> *"Seigneur, je ne vais pas abandonner. Avec ton aide, je vais laisser la prise branchée sur ta puissance et je vais continuer à aller de l'avant. Dans le nom de Jésus. Amen !"*

Chapitre 7

Cinquième composante : la piété

R evenons maintenant à 2 Pierre 1:6 pour voir la composante suivante de notre marche vers la perfection.

"... à la patience, la piété..."

La piété a une 'présence'

Combien d'entre nous ont déjà entendu le mot piété utilisé aujourd'hui ? Il a pratiquement disparu de notre vocabulaire. Cela s'explique par le fait qu'elle se fait rare dans notre société. Quand vous êtes avec une personne qui montre les caractéristiques de la piété, elle vous fait penser à Dieu. C'est ma définition personnelle de la piété. La présence de Dieu est avec une telle personne.

Je vais vous relater un bref incident qui a eu lieu alors que j'étais encore dans l'armée britannique. Je ne suis pas en train de me faire passer pour un modèle de piété, mais j'utilise simplement cela comme une illustration. Une fois sauvé, j'ai passé les quatre années qui ont suivi ma conversion dans l'armée. L'armée n'est pas l'endroit le plus difficile pour un chrétien, mais ce n'est pas non plus l'endroit le plus facile. Pourtant, durant cette période je n'ai jamais abandonné mon témoignage et je n'ai jamais fait de compromis sur ma position de foi en Jésus-Christ.

Peu de temps avant d'être démobilisé à Jérusalem, j'étais en charge du bureau de réception de l'hôpital du Mont des Oliviers. Si vous avez déjà été à Jérusalem, ce qui est maintenant un hôpital luthérien, était à l'époque l'hôpital britannique général numéro 16. J'étais caporal et j'avais un jeune soldat de première classe sous mes ordres. Durant notre temps de service ensemble, je ne lui ai jamais rien dit ni du Seigneur ni de l'Évangile.

Un jour, trois ou quatre personnes étaient dans le bureau de la réception et au cours de la conversation il jura en utilisant un terme particulièrement vulgaire. Il me regarda immédiatement, rougit et me dit : "Je suis désolé, Caporal Prince, je ne savais pas que vous étiez là." Je ne lui avais jamais rien dit sur Dieu ni avant ni après cet incident. Mais ma présence l'a rendu conscient qu'il y avait un Dieu qui avait un certain standard. Je crois que dans une certaine mesure, c'est ce que Dieu veut dire par piété.

Dans 1 Timothée 4:7-8, Paul donne ces instructions à Timothée :

> *"Repousse les contes profanes et absurdes. Exerce-toi à la piété ; car l'exercice corporel est utile à peu de choses (tant que vous êtes dans ce corps), tandis que la piété est utile à tout, ayant la promesse de la vie présente et de celle qui est à venir."*

Se fortifier dans la piété

J'aimerais vous faire remarquer que dans ce verset Paul indiquait à Timothée que la piété nécessitait un exercice. Il dit : "Exerce-toi à la piété". Je crois que nous comprenons tous ce que signifie le mot 'exercice'. Vous vous levez le matin et vous commencez par un exercice de routine. Certains d'entre vous ne font rien. Laissez-moi vous dire qu'en fin de compte ça vous rattrapera ! Les années m'ont appris que si vous négligez votre corps tôt ou tard il vous le fera sentir.

Ce que je dis ici, c'est que la piété est quelque chose que vous atteignez à force d'exercices. Il y a des muscles de la piété qui peuvent être renforcés par l'exercice. Il y a des postures de piété que vous ne pourrez pas obtenir sans vous exercer.

Quels sont les exercices qui vont apporter la piété ? J'ai fait une courte liste.

1. La prière. La prière est un exercice qui peut produire la piété.

2. L'étude de la Bible

3. La mémorisation de l'Écriture. Je vous recommande cette pratique. C'est l'une des plus grandes sources de force que vous puissiez acquérir.

Nous avons lu un livre sur la révolution culturelle en Chine intitulé *L'Église en Chine*, de Carl Lawrence. Ce fut un livre révélateur. L'auteur fait ce constat : durant les persécutions les plus intenses de la révolution culturelle, toutes les bibles avaient été confisquées, les chrétiens étaient jetés en prison, torturés et mis à mort.

Les seuls chrétiens qui ont survécu à la prison et à la torture étaient ceux qui avaient mémorisé l'Écriture. Les autres ont soit renié leur foi, soit trahi leurs frères, soit ils sont devenus fous ou se sont suicidés. Les seuls qui ont résisté sont ceux qui avaient mémorisé l'Écriture.

Imaginons que vous êtes emprisonné demain pour vingt ans et que vous n'ayez pas la Bible avec vous. Comment serez-vous à la fin de la première année ? Qui sait si nous ne serons pas exposés aux mêmes sortes de pressions ? Ne vous imaginez pas que cela ne vous arrivera jamais, parce que c'est possible.

4. La méditation. Après la mémorisation, je me réfère en général à la méditation. Cherchez ce thème et lisez toutes les promesses faites à ceux qui méditent la parole de Dieu. Vous ne pouvez évidemment pas méditer sur quelque chose que vous n'avez pas mémorisé. La Parole doit d'abord être dans votre esprit pour pouvoir être méditée.

5. Le jeûne. Le jeûne est une autre forme de discipline que je crois biblique. Permettez-moi de vous faire remarquer que Jésus n'a pas dit à ses disciples : "Si vous jeûnez", mais "*Quand* vous jeûnez" (voir Matthieu 6:16-18). Il supposait qu'ils le faisaient. Voici ma conclusion personnelle à partir de l'Écriture et de mon expérience : il y a certains buts dans la vie chrétienne qui sont dans la volonté de Dieu et qui ne seront jamais atteints sans jeûner (je pourrais vous en dire beaucoup plus sur le jeûne, mais pour le propos de ce livret cela suffira).

Récapitulons la liste d'exercices menant à la piété :

– Prière

– Étude de la Bible

– Mémorisation de l'Écriture

– Méditation

– Abnégation de soi sous forme de jeûne

En faisant allusion à la période dans laquelle nous vivons, les Écritures nous avertissent d'un besoin encore plus grand de piété dans 2 Pierre 3:11 :

> *"Puisque donc toutes ces choses doivent se dissoudre* (c'est-à-dire le monde ainsi que nous le connaissons) *quelles ne doivent pas être la sainteté de votre conduite et votre piété..."*

À l'inverse, dans l'épître de Jude, nous avons une image de personnes captives de ce monde dans les derniers temps :

"Or Enoch aussi, le septième depuis Adam, a prophétisé de ceux-ci, en disant, Voici, le Seigneur est venu au milieu de ses saintes myriades, pour exécuter le jugement contre tous, et pour convaincre tous les impies d'entre eux de toutes leurs oeuvres d'impiété qu'ils ont impiement commises et de toutes les paroles dures que les pécheurs impies ont proférées contre lui..." Versets 14-15 (Darby)

Quel est le mot qui apparaît quatre fois ? Impiété. Ainsi, quel est le trait distinctif de la fin des temps ? L'impiété. Avez-vous vécu assez longtemps dans votre culture pour voir une augmentation de l'impiété autour de vous ? Je crois que vous pouvez sûrement répondre par l'affirmative. Au milieu de l'impiété, nous devons cultiver la piété. Nous devons être déterminés à être différents. Et cela demande de l'exercice.

Disons maintenant au Seigneur que nous voulons franchir cette étape :

Père, je veux voir la piété venir dans ma vie de façon plus forte. Je veux représenter ton caractère et ta présence pour ceux qui sont autour de moi. Seigneur, je décide maintenant de faire l'exercice nécessaire pour que cela se produise. S'il te plaît, aide-moi et fortifie-moi alors que je franchis cette étape. Dans le nom de Jésus. Amen.

Chapitre 8

La sixième composante : l'amour fraternel

Nous arrivons maintenant au sixième élément : l'amour fraternel. Qui sont nos frères ? Les croyants. Ainsi, nous allons nous focaliser dans ce chapitre sur l'amour envers les autres chrétiens.

À première vue, cet élément peut sembler plus facile à mettre en oeuvre que les autres. Mais je crois que plus nous avançons dans le processus de perfection, plus cela devient difficile. J'espère que vous serez encouragés quand je vous dis cela. Pour moi ce fut un soulagement de réaliser qu'il n'est pas toujours facile de montrer de l'amour fraternel. Nous affirmons que nous aimons tous nos frères chrétiens. Mais la vérité c'est qu'il n'en est pas toujours ainsi. Si vous êtes tout nouveau converti, je pense que l'épreuve la plus difficile de votre marche chrétienne sera la façon dont vous serez traité par certains autres chrétiens. Vous pensez qu'ils vont tous vous aimer, vous traiter gentiment, qu'ils auront une attitude juste avec vous sans jamais parler dans votre dos. Malheureusement, il n'en est pas ainsi et cela peut-être très différent de ce à quoi vous vous attendez. Chose étonnante, malgré les mauvais traitements que nous pourrons expérimenter, nous devons quand même les aimer. Soyons réalistes : il n'est pas toujours facile d'avoir une attitude d'amour. Lisons ces paroles de David dans le Psaume 55. Je veux que cela s'imprime en vous tout particulièrement si vous êtes un nouveau converti en prise aux mauvais comportements de chrétiens plus anciens. Vous devez quand même les aimer, c'est une épreuve. Lisez l'expérience de David dans le Psaume 55 :

> *"Ce n'est pas un ennemi qui m'outrage, je le supporterai ; ce n'est pas mon adversaire qui s'élève contre moi, je me cacherais devant lui. C'est toi, que j'estimais mon égal, toi mon confident et mon ami ! Ensemble nous vivions dans une douce intimité, nous allions avec la foule à la maison de Dieu !"*
> Psaume 55:13-15

David dit à quelqu'un qui est proche de lui : "Tu es celui qui m'a trahi. Tu es celui qui a parlé derrière mon dos. Tu es celui qui m'a laissé tomber."

Si vous vous êtes parfois senti trahi par quelqu'un en qui vous aviez confiance, vous savez combien cela est douloureux. Ne me dites pas que cela ne blesse pas, parce que cela blesse.

Mais je le redis : nous devons *quand même* les aimer.

Dieu rend cela possible à travers la nouvelle naissance. Lisons cela dans 1 Pierre.

> *"Ayant purifié vos âmes en obéissant à la vérité, par l'Esprit, pour avoir un amour fraternel sincère, aimez-vous ardemment les uns les autres, de tout votre coeur, puisque vous avez été régénérés, non par une semence corruptible, mais par une semence incorruptible par la parole vivante et permanente de Dieu."* 1 Pierre 1:22-23

Notez que l'amour pour nos frères vient à travers l'obéissance. C'est la nouvelle naissance qui nous rend capables d'aimer nos frères en Christ. Si nous n'étions pas nés de nouveau cela ne serait pas possible. Cela ne veut pas dire que c'est toujours facile. Mais c'est possible.

Un nouveau commandement

Si nous sommes intéressés par l'évangélisation, gardons à l'esprit que la plus grande méthode d'évangélisation du monde, c'est que les chrétiens se traitent avec amour fraternel. Il n'y a pas de plus grande méthode d'évangélisation. Dans Jean 13:34-35, Jésus dit :

> *"Je vous donne un commandement nouveau : aimez-vous les uns les autres ; comme je vous ai aimés, vous aussi, aimez-vous les uns les autres."*

Remarquez que ce n'est pas une recommandation, c'est un commandement. Si nous ne le faisons pas, nous sommes désobéissants. Jésus dit ensuite :

> *"A ceci tous connaîtront que vous êtes mes disciples si vous avez de l'amour les uns pour les autres."*

Ce qui va parler au monde qui nous regarde, c'est le fait de voir des chrétiens qui s'aiment. C'est le témoignage qui va atteindre le monde entier.

Ne parlons ni d'évangéliser ni d'atteindre les perdus si nous ne sommes pas prêts à manifester l'amour à nos frères en Christ. Je crois que vous serez d'accord avec moi : quand vous proposez à des inconvertis de devenir chrétiens, ils vous donnent comme tout premier argument contre la chrétienté les divisions et les querelles qu'ils voient dans l'Église.

Je me rappelle avoir parlé à une personne juive sur ce que Jésus proclamait. Elle me dit : "Si je décide de fréquenter une Église, à quelle Église vais-je me joindre ?" À cette époque, Jérusalem était au centre de la division. Durant des années les groupes chrétiens à Jérusalem se sont fait la guerre. Dans l'Église du Saint-Sépulcre, l'armée israélienne a dû empêcher les Grecs orthodoxes et les catholiques romains de se battre pour en avoir le contrôle. Dans un tel environnement, comment les Israéliens pouvaient-ils croire à la communion fraternelle des chrétiens ? C'est pourquoi il nous est donné un nouveau commandement.

Vous sentez-vous incapable de gérer cet élément ? Pourquoi ne pas l'apporter au Seigneur pour terminer ce chapitre ?

> *Seigneur, cette composante semble hors de ma portée. Je me bats encore contre les blessures que j'ai reçues de mes frères chrétiens, et je t'apporte tout cela encore une fois pour être guéri et restauré. Aide-moi s'il te plaît Seigneur, à aimer mes frères et soeurs en Christ. Dans ton nom. Amen !*

Chapitre 9

La septième composante : l'amour

Nous arrivons enfin au dernier élément. Dans 2 Pierre 1:7, il nous est dit d'ajouter à l'amour fraternel, l'amour. Devinez-vous le mot grec pour amour ? (Nous l'avons évoqué plus haut). C'est *agape*.

L'amour *agape* est le summum. Ce n'est pas par lui que vous commencez. Vous finissez par lui. Il y a des étapes à franchir.

Qu'est-ce que l'amour agape ? C'est l'amour de Dieu. Il nous est décrit dans un merveilleux passage de Romains 5 :

> *"Car, lorsque nous étions encore sans force, Christ, au temps marqué est mort pour des impies (verset 8). Mais Dieu prouve son amour envers nous, en ce que, lorsque nous étions encore pécheurs, Christ est mort pour nous (verset 10). Car si, lorsque nous étions ennemis, nous avons été réconciliés avec Dieu par la mort de son Fils, à plus forte raison, étant réconciliés, serons-nous sauvés par sa vie !"* Romains 5:6, 8, 10

Remarquez ce que nous étions quand Christ est mort pour nous. Nous étions sans force, impies, pécheurs et ennemis de Dieu. Pourtant il nous aimait. Cela nous en apprend tellement sur l'amour de Dieu.

Vous voyez, c'est ce que Jésus disait dans Matthieu 5 dans le Sermon sur la Montagne, que nous avons vu au commencement de cette étude au chapitre premier. Jésus a dit à la foule : *"Si vous aimez ceux qui vous aiment, quelle récompense méritez-vous ? Si vous ne faites du bien qu'à ceux qui vous font du bien, en quoi vous différenciez-vous des autres ? Même les pécheurs se traitent ainsi entre eux."* (Voir Matthieu 5:43-48)

La marque du chrétien, c'est d'aimer ses ennemis. Faire du bien à ceux qui nous font du mal. Aimer ceux qui nous haïssent. Bénir ceux qui nous maudissent. C'est ce que signifie être parfait. C'est être droit dans nos rapports et nos relations avec chaque personne. C'est être comme Dieu lui-même, qui a envoyé son soleil et sa pluie sur les justes et les injustes.

Moyens pratiques pour aimer

Dans Romains 12:9-21, Paul énumère différents principes qui doivent régir la conduite du chrétien. Au verset 9, il commence avec une motivation de première importance : *"Que l'amour soit sans hypocrisie."* Toutes les autres directives qui suivent sont simplement des moyens différents par lesquels l'amour chrétien s'exprime.

> *"Que l'amour soit sans hypocrisie. Ayez le mal en horreur ; attachez-vous fortement au bien. Par amour fraternel, soyez pleins d'affection les uns pour les autres ; par honneur, usez de prévenances réciproques. Ayez du zèle et non de la paresse. Soyez fervents d'esprit. Servez le Seigneur. Réjouissez-vous en espérance. Soyez patients dans l'affliction. Persévérez dans la prière. Pourvoyez aux besoins des saints. Exercez l'hospitalité. Bénissez ceux qui vous persécutent, bénissez, ne maudissez pas. Réjouissez-vous avec ceux qui se réjouissent ; pleurez avec ceux qui pleurent. Ayez les mêmes sentiments les uns envers les autres.*
>
> *N'aspirez pas à ce qui est élevé, mais laissez-vous attirer par ce qui est humble. Ne soyez pas sages à vos propres yeux. Ne rendez à personne le mal pour le mal. Recherchez ce qui est bien devant tous les hommes. S'il est possible autant que cela dépend de vous, soyez en paix avec tous les hommes. Ne vous vengez pas vous-mêmes, bien-aimés, mais laissez agir la colère ; car il est écrit : à moi la vengeance, à moi la rétribution, dit le Seigneur. Mais si ton ennemi a faim, donne-lui à manger, s'il a soif, donne-lui à boire ; car en agissant ainsi, ce sont des charbons ardents que tu amasseras sur sa tête. Ne te laisse pas vaincre par le mal, mais surmonte le mal par le bien."* Romains 12:9-21

La source de toute la vie chrétienne est l'amour, Paul le dit en Romains 12:9 quand il parle de l'amour sincère dont tout le reste découle. Ce n'est pas une série de règles que vous devez suivre. C'est un guide pour utiliser l'amour que Dieu a mis dans votre coeur. Vous saisissez la différence ?

Supposons que vous essayiez d'arroser un grand jardin avec un arrosoir.

Vous devez sans arrêt aller jusqu'au robinet, et faire des allers-retours pour transporter l'eau. Vous avez chaud, vous transpirez et vous vous fatiguez. Ce n'est pas la bonne méthode. C'est alors que quelqu'un vous dit : "Pourquoi n'essaies-tu pas avec un tuyau ? Branche-le sur le robinet, prends le jet à la main, et tout ce que tu devras porter, c'est le tuyau." Vous pouvez diriger l'eau là où il faut. C'est ce que Paul dit ici. C'est la façon de diriger l'eau – l'amour que Dieu a mis dans votre coeur. Ne le faites pas par une série de règles. Dirigez simplement le flot d'amour que Dieu vous a donné.

Comment aimer de façon pratique ? J'ai fait une liste de douze actions à partir du passage de Romains 12 qui vous aidera dans ce processus. Nous allons voir chaque élément rapidement. En gros, cela va nous aider à 'raccorder le tuyau au robinet'.

1) Haïssez le mal et aimez-le bien

"Ayez le mal en horreur, attachez-vous fortement au bien."
Romains 12:9

Haïssez le mal, aimez-le bien. Il n'y a pas de neutralité. Le Psaume 45:8 est un passage prophétique sur Jésus, le Messie :

"Tu aimes la justice, et tu hais la méchanceté ; c'est pourquoi Dieu, ton Dieu t'a oint."

Pourquoi Dieu a-t-il béni Jésus ? Parce qu'il aimait la justice et haïssait l'iniquité. Vous ne pouvez pas être neutre quant au mal si vous aimez Dieu et si vous aimez la justice.

Le Psaume 97 : 10 dit : *"Vous qui aimez l'Éternel, haïssez le mal !"* Il ne peut y avoir de compromis avec le mal pour ceux qui aiment vraiment le Seigneur.

2) Soyez pleins d'affection, usez de prévenances réciproques

"Par amour fraternel, soyez pleins d'affection les uns pour les autres ; par honneur, usez de prévenance réciproque."
Romains 12:10

Soyez pleins d'affection les uns envers les autres et usez de prévenances réciproques. Accordez plus d'honneur aux autres que vous n'en cherchez pour vous-mêmes.

J'avais du mal avec ce principe parce que je me disais : "Comment puis-je honorer quelqu'un quand je pense qu'il n'est pas aussi bon que moi ?" (Vous n'avez bien entendu jamais rencontré ce problème !) Puis j'ai lu ce que Paul affirme dans 2 Corinthiens 10:12 : ceux qui mesurent les autres en se comparant à eux-mêmes manquent d'intelligence. J'ai alors réalisé qu'il n'y a qu'un modèle et que ce modèle, c'est Jésus. Quand vous vous mesurez à lui, il devient facile de préférer les autres.

3) Soyez zélés

"Ayez du zèle et non de la paresse. Soyez fervents d'esprit. Servez le seigneur..." Romains 12:11

Comme nous l'avons dit plus tôt, vous pouvez chercher dans la Bible, vous ne trouverez pas un seul mot qui fasse l'apologie de la paresse. L'ivrognerie est un péché, mais la paresse est bien pire. En fait, la paresse est bien plus sévèrement condamnée que l'ivrognerie. Savez-vous ce qu'est la paresse ? Selon les catholiques romains, c'est un péché mortel.

4) Servez le Seigneur avec passion

La deuxième partie du verset 11 parle de servir le Seigneur avec une consécration passionnée. J'aime cette affirmation de la fille de William Booth, Catherine, qui a dit : "Jésus nous aime passionnément et il veut qu'on l'aime passionnément." Je vous exhorte à vous poser cette question : "Est-ce que j'aime le Seigneur passionnément ?" Je peux dire une chose de ma femme, c'est qu'elle aime le Seigneur passionnément. Elle aime le Seigneur avec une dévotion passionnée. Il y a peu de véritable passion dans l'Église aujourd'hui, pourtant nous en avons désespérément besoin.

5) Donnez avec générosité. Exercez l'hospitalité

"Pourvoyez aux besoins des saints. Exercez l'hospitalité." Verset 13

Je traduirais ce verset ainsi : "En partageant avec les frères, et en exerçant l'hospitalité." Saviez-vous que l'hospitalité était un ministère ? Dieu vous a peut-être béni par ce don. Cultivez-le comme un ministère et utilisez-le pour la gloire de Dieu.

Vous souvenez-vous de l'avertissement de Jésus ? Il a dit : "N'invitez pas les riches, invitez les pauvres, les aveugles, les gens qui ne pourront pas vous le rendre." Pourquoi ? La raison que Jésus donne est merveilleuse. Parce que cela vous sera rendu à la résurrection. Vous voyez, si vous avez votre récompense maintenant, vous n'aurez rien après. Si vous renoncez à votre récompense maintenant, elle vous attendra dans le siècle à venir.

6) Bénissez vos ennemis au lieu de les maudire

> *"Bénissez ceux qui vous persécutent, bénissez et ne maudissez pas."* Verset 14

Trouvez-vous facile de bénir ceux qui vous persécutent ? Dans mon livre *Bénédiction ou malédiction, à vous de choisir !*, je traite de ce sujet. Dieu ne m'a pas permis de finir ce livre avant que je sois arrivé à me discipliner pour pardonner et bénir ceux qui avaient quelque chose contre moi. Je peux témoigner que cela m'a amené à un autre niveau. En considérant les gens qui avaient été vils, méchants ou peu charitables, je priais : "Seigneur, je leur pardonne. Et en leur pardonnant, je les bénis en ton nom."

Vous subirez inévitablement des critiques de certaines personnes qui seront contre vous. Mais l'un des grands privilèges du chrétien c'est de bénir. Bénir est une pratique divine.

Quand je réfléchis au sujet de la bénédiction, je pense à cette femme qui avait un vase d'albâtre rempli d'un précieux parfum. Cette femme a oint Jésus avec un parfum de grand prix qui valait, au bas mot, un an de salaire. Et que s'est-il passé ? Les gens l'ont critiquée. Malgré cela, ils ont dû sentir l'odeur du parfum. Vous pouvez être celui qui répand du parfum dans la vie des autres. Ils peuvent vous critiquer, mais ils sentiront le parfum. Vous souvenez-vous de ce que Jésus a dit de cette femme ? Il a dit : "Laissez-la. Arrêtez de la critiquer. Elle a fait une bonne oeuvre. Partout où on prêchera la bonne nouvelle, on se souviendra de ce que cette femme a fait." (Voir Marc 14:3-9)

C'est l'attitude que Dieu a envers ceux qui versent le parfum. Bénir, c'est déverser du parfum, et quand vous bénissez des gens, vous répandez le parfum autour de vous pour ce temps et pour l'éternité.

7) Unissez-vous aux autres dans leurs joies et leurs peines

> *"Réjouissez-vous avec ceux qui se réjouissent, et pleurez avec ceux qui pleurent."* Verset 15

J'aimerais encore une fois faire l'éloge de ma femme parce qu'elle est un merveilleux exemple de cela. Elle sait si bien se réjouir et si bien compatir. Je ne peux pas vraiment dire que j'excelle dans ce domaine.

Vous voyez, le véritable problème ici, c'est l'égocentrisme. Vous ne pouvez pas vraiment vous réjouir avec ceux qui se réjouissent et pleurer avec ceux qui pleurent tant que vous n'avez pas abandonné votre égocentrisme. Permettez-moi de vous donner un avertissement : si vous cherchez une recette sûre et certaine pour devenir malheureux, il faut cultiver l'égocentrisme. Cette poursuite vous garantira une vie malheureuse.

8) Débarrassez-vous de votre orgueil

"Ayez les mêmes sentiments les uns envers les autres. N'aspirez pas à ce qui est élevé, mais laissez-vous attirer par ce qui est humble. Ne soyez pas sages à vos propres yeux." Verset 16

Cette exhortation fait tout autant appel à la compassion que l'avertissement concernant ceux qui se réjouissent et ceux qui pleurent. Je vais vous donner la version "Derek Prince" du verset 16 : "Vivez en harmonie. Soyez humble, ne soyez ni prétentieux ni arrogant. Et par-dessus tout, évitez l'orgueil." Le livre des Proverbes nous dit que c'est par orgueil qu'on excite des querelles." (Proverbes 13:10)

La cause principale des querelles et du manque d'unité est l'orgueil.

9) Traitez les autres avec justice

"Ne rendez à personne le mal pour le mal. Recherchez ce qui est bien devant tous les hommes." Verset 17

L'amour veut que vous traitiez les autres avec justice et que vous ne vous vengiez pas quand on vous a offensé.

10) Soyez un artisan de paix

"S'il est possible, autant que cela dépend de vous, soyez en paix avec tous les hommes." Verset 18

En réalité, vous ne pouvez pas être en paix avec tout le monde parce que certains refusent de faire la paix. Mais tant que cela dépend de vous soyez en paix et restez en paix avec tout le monde. Cela maintiendra votre système digestif en bonne santé.

Savez-vous combien de fois notre estomac fait des noeuds parce que nous avons du ressentiment, de l'amertume et un manque de pardon ? Le mot pour paix en hébreux est 'shalom' ce qui signifie en fait "état complet". C'est un beau mot. Quand vous exprimez la paix, vous recevez la paix.

11) Ne vous vengez pas

*"Ne vous vengez pas bien-aimés, mais laissez agir la colère ;
car il est écrit à moi la vengeance, à moi la rétribution dit le
seigneur."* Verset 19

Paul utilise quelques mots terrifiants ici. Il dit : "Laissez la place à la colère de Dieu." C'est une pensée terrifiante. Si vous ne vous vengez pas vous-mêmes, Dieu va vous venger. Qu'est-ce que je préfère ? M'en occuper ou laisser Dieu s'en occuper ?

Si quelqu'un essaie de se venger lui-même, cela ne me fait pas peur. Mais si c'est Dieu qui s'occupe de son cas, c'est une perspective effrayante. Vous ne pouvez rien faire de plus effrayant que de vous retirer en disant : "Je ne vais pas me venger moi-même, Dieu va s'occuper de toi."

12) Vaincre le mal par le bien

*"Ne te laisse pas vaincre par le mal, mais surmonte le mal par
le bien."* Verset 21

Comment faire cela de façon pratique ? Nous allons examiner ce verset plus en détail pour terminer ce livret. Mais comme vous allez le voir, une grande partie de cet avertissement est de simplement prendre le contre-pied. Autrement dit, affrontez la haine avec l'amour. Affrontez l'amertume avec la douceur. Affrontez la colère avec la gentillesse.

Savez-vous pour qui le ciel est fait ? Pour les vainqueurs, ceux qui ont vaincu le mal par le bien.

Quel genre d'amour ?

Regardons encore une fois ce que Paul dit à la fin du chapitre 12 des Romains en parlant de l'amour agape.

*"Ne te laisse pas vaincre par le mal, mais surmonte le mal par
le bien."* Verset 21

Pour terminer ce livre, j'aimerais vous dire quelque chose dont vous devez vous souvenir. Le mal que nous rencontrons dans le monde est si puissant qu'il n'y a qu'une seule force assez puissante pour le vaincre, et c'est le bien. Ce n'est que si nous accomplissons ce que Romains 12 dit que nous vaincrons le mal. Quel que soit le mal qui nous assaille, nous devons toujours répondre avec la forme correspondante de bien.

J'ai un cher frère dans le Seigneur qui m'a toujours été précieux, c'est Loren Cunningham. Il apprenait à ceux qui l'écoutaient à répondre au mal par l'esprit opposé. Quand vous rencontrez la haine, répondez avec amour. Quand vous rencontrez la critique, répondez avec la louange. Quand vous rencontrez l'amertume, répondez avec gentillesse. Surmontez le mal par le bien.

Voilà le chemin pour être vainqueur. Dans ce domaine de l'amour *agape*, c'est le chemin pour 'être parfait'.

Il est temps de prier

J'ai souvent dit lors de mon ministère que je ne me contentais pas de prêcher de beaux sermons religieux. En plus, je veux toujours vous donner l'occasion de répondre. C'est maintenant le moment.

Je suis certain que vous avez été défié en prenant connaissance de tous ces éléments qui ont pour but d'avoir une vie qui plaît à Dieu et vous conduire à la maturité. Vous sentez peut-être que la barre est placée trop haut, cela vous décourage même peut-être. Comme je l'ai déjà dit, il est impossible de plaire à Dieu par nos propres forces. C'est là que la grâce intervient. Et c'est là que vous pouvez prendre une décision pour terminer ce livret. Vous pouvez avoir confiance dans la grâce de Dieu pour vous aider.

Terminons cet enseignement en demandant au Seigneur de nous aider. Ce que vous allez demander maintenant peut vous mener sur un chemin qui va changer votre vie pour toujours. Que Dieu vous bénisse tandis que vous poursuivez votre route.

Seigneur, j'ai compris cet enseignement et j'ai noté tous les éléments dont j'ai besoin pour la maturité en toi. Ils sont tous au-dessus de mes capacités, alors je me tourne vers toi. Je place ma vie entre tes mains maintenant, et je te fais confiance pour les résultats. Aide-moi et fortifie-moi maintenant parce que je me tourne vers toi pour aller de l'avant dans ta volonté finale pour ma vie. Dans le nom de Jésus. Amen !

\-